宁波工程学院出版基金资助

浙江省自然科学基金项目（LY16G020013）

环北部湾物流业与石化产业的协调发展实证研究

唐连生　著

中国时代经济出版社

图书在版编目（CIP）数据

环北部湾物流业与石化产业的协调发展实证研究 /
唐连生著．--北京：中国时代经济出版社，2019.1
ISBN 978-7-5119-2860-3

Ⅰ.①环… Ⅱ.①唐… Ⅲ.①石油化学工业—工业发
展—研究—中国②物流—产业发展—研究—中国 Ⅳ.
①F426.22②F259.22

中国版本图书馆 CIP 数据核字（2019）第 015872 号

书　　名：环北部湾物流业与石化产业的协调发展实证研究
作　　者：唐连生

出版发行：中国时代经济出版社
社　　址：北京市丰台区玉林里 25 号楼
邮政编码：100069
发行热线：（010）63508271　63508273
传　　真：（010）63508274　63508284
网　　址：www.icnao.cn
电子邮箱：sdjj1116@163.com
经　　销：各地新华书店
印　　刷：天津雅泽印刷有限公司
开　　本：710 毫米×1000 毫米　　1/16
字　　数：200 千字
印　　张：11
版　　次：2019 年 1 月第 1 版
印　　次：2019 年 1 月第 1 次印刷
书　　号：ISBN 978-7-5119-2860-3
定　　价：45.00 元

|作者简介|

唐连生，男，1974年2月出生，辽宁盖州人，满族，宁波工程学院经管院教授，博士，电子商务专业负责人。主要研究方向：产业经济、电子商务供应链与数字经济等，近年来发表科研论文30余篇，主持国家课题两项，省部级课题四项，出版专著、教材共六部。

内容简介

|内容简介|

　　面对经济发展的需要，环北部湾物流与石化产业迎来了一个良好的发展契机。本书从物流产业与石化产业出发，通过调查和分析，建立了物流与石化产业经济耦合度与关联度模型，构建了物流业与石化产业耦合评价指标体系，并研究了各影响因子的互动程度，为环北部湾构建面向东盟的桥头堡和重化工通道建设提供了示范作用。

|摘　要|

　　本书以环北部湾物流业和石化产业为研究对象，探寻两大产业之间的互动机制和影响因素，探讨可持续发展基准、产业关联基准和竞争优势基准约束下，物流业与石化产业对区域经济增长影响效应。建立了物流产业与石化产业经济耦合度与关联度模型，研究了产业链耦合作用下物流业与石化产业互动发展的机理，包括影响因子、决策机制、经济收益及分配机制、石化产业投入对物流业发展的外部正效应分析等。

　　本书旨在研究确定环北部湾物流业与石化产业的协调发展演化规律，制定科学的规划方案，根据经济收益的产业差异、空间差异和竞争优势差异构建合理的产业空间布局，通过环北部湾次区域产业链耦合实现区域经济协同发展。此外，本书还具体分析了物流业集聚性与石化产业经济集聚力之间的耦合关系；物流产业成长与区域经济发展的耦合关系，包括两大产业对 GDP 贡献度和政府投入分配决策分析，两大产业的耦合产业链的权益分析等；物流产业分工网络和区域产业经济网络系统的耦合关系等，进而寻求城际协作发展的制度渠道。

　　本书还对现有物流业与石化产业的政府管理决策和制度进行了分析。重点分析如何构建以南宁为物流服务中心、以环北部湾区域性物流基地和化工制造基地的华南沿海综合运输通道为纽带的空间产业格局，从制度设计上挖掘利用东盟资源的沿海重化工业产业带潜力，创造环北部湾重化工经济圈的政策条件，探讨具有高附加值的耦合产业链条形成机制，构建面向东盟的重化工前沿地带空间布局和物流通道建设路径，为地方政府提供宏观发展规划建议。

本书构建了物流业与石化产业耦合评价指标体系，确立相关指标的选取原则和基本框架，建立数学模型，并研究各影响因子的互动程度。

本书的研究发现，通过物流产业与石化产业耦合关系研究，为环北部湾构建面向东盟的桥头堡和重化工通道建设提供示范作用；对两大产业进行产业链科学合理地整合、规划及管理是提高产业产出效率、实现产业结构升级换代的最佳途径；从制度设计和制度创新上做好准备，把制度建设作为建设环北部湾主体功能示范区的重要保障。

感谢浙江省自然科学基金委对本课题研究的资助。

唐连生

2018 年 11 月

|目　录|

第一章 绪 论

第一节 研究背景和意义

经济全球化的时代潮流已不可阻挡，区域经济协调发展已然成为必然趋势。21 世纪初期，国家将西部大开发提升到更高层次的战略高度，正式将环北部湾经济区作为西南地区经济增长的高点，推动西南地区的快速深入开发。环北部湾经济区石化产业与物流产业对经济区的影响主要体现在石化产业的高效流通运作方面。当前，两大产业之间的联动发展还比较欠缺，尚无完全形成高效的物流配送体系，经济区石化产业链的正常运作和城际的协调发展还没有进入理想状态。产业同质化竞争和城际竞争加剧，进一步阻碍了环北部湾各城际之间的协调发展，限制了环北部湾经济区整体的竞争能力提高。

环北部湾是指由围绕北部湾海域的中国广东省雷州半岛、海南省西部、广西壮族自治区南部沿海和越南的北部沿海地区组成。该地区处于西南经济区、泛珠三角经济区和中国东盟自由贸易区的交汇点，具有重要的区位优势。该地区主要以劳动密集型产业为主，石化产业与物流产业都具有一定的基础。

国内学者更加关注于区域、城际经济的协调发展和一体化进程的研究，这些研究焦点主要集中在探讨各个地区经济之间的相互联系，产业之间的协调机制等方面。经济全球化的本质是一个消费市场起到决定性作用的过程，而区域、城际经济在一体化过程中由国家和地方政府起着重要的作用，两者之间有着本质的区别[1]。

国内关于环北部湾经济区产业的研究不够充分，相关理论成果欠缺，最先提出构建环北部湾经济圈概念的是周中坚 1988 年的《北部湾经济圈构想及其依据》一书，许进（2010）[2] 和陈烈（2010）[3][4] 等学者也都提到过相关概念。但是统筹全面研究环北部湾区域的相关理论成果，城区之间发展不协调，经济建设速度缓慢。究其原因，环北部湾经济区缺少一个强势的寡头经济来带领经济的腾飞。经济圈的建设是个持续渐进的过程，寻找经济增长的突破口，应采取一切切实可行的措施。

受经济、制度、技术等因素的限制，区域不同产业之间的合作并没有充分反映出产业合作的最大效应。在当前经济快速发展与科学技术不断革新的条件下，有必要全面地从理论和实践中归纳、探索更为高效的产业联动合作方式，发挥经济区产业之间的协调作用，共同促进产业与经济区的可持续发展。本书针对环北部湾石化产业与物流业城际协调发展的制度渠道加以分析，全面了解和探索实现石化产业与物流业城际协调发展的基础条件和现实条件、运作模式，为环北部湾经济区的开放开发与构建提供一些思考。

2008 年 7 月 2 日，正式启动意在监测重点物流企业经营规模、运营量、效益、成本改进、外资对我国工业物流产业安全影响的预警机制，是化工物流产业领域形成政府企业互动机制的一项重大举措，形成有效的政府企业互动机制，强力支持物流产业的发展壮大。

北部湾海域是其环绕地区的天然联系纽带，海上运输便利。随着三亚和岘港、洋浦与北海、湛江与海口及其他主要港口间的先后通航，这种"一日区"的区位优势日益紧密地促成了彼此间的经济联系。环北部湾是我国海洋石油天然气的富集区，有丰富的海洋生物资源、海洋矿产资源和海水化学资源，为发展现代海洋产业提供了得天独厚的资源条件。

环北部湾是"海上东盟"的重心，具有以港口为核心的经济开放和经济辐射的战略价值。北部湾是重要的海上通道，东经琼州海峡可通过广东、福建及北方沿海，南抵海南、西达越南，西南出北部湾可到东南亚、印度半岛。早在汉武帝时代就已开辟从番禺（今广州）经徐闻到合浦，再经东南亚抵印度半岛和今天斯里兰卡的海上航线。合浦是中国古代海上丝绸之路的始发站。今天，环北部湾已成为中国东南和大西南地区对接东盟的"出海大通道"，如果放眼于"海上东盟"的视野，原来的东南和西南"出海大通道"概念就得到了很大的延伸和拓展。

本书研究的意义在于：

政治上：地区产业均衡发展有利于社会和谐与稳定，也有利于加强我国与东盟国家的政治合作；中国－东盟自贸区内"圈层式"产业协作双向流动日益突出，本书研究将促进环北部湾地区区位优势有效转换为品牌优势和经济增长优势。

经济上：有利于发现通过产业链耦合挖掘新的经济增长点，进一步优化环北部湾产业链结构，促进西南边疆物流产业与石化产业结构日趋完善，增强同东盟的经贸、产业合作；适应中国能源战略发展需要，2011年中石化落户钦州港，与广东茂名、湛江、海南洋浦等石化企业初步形成环北部湾重化工经济圈；2012年，工业和信息化部印发《石化和化学工业"十二五"发展规划》，重点提出优化产业布局，该区域物流产业得到前所未有的发展机遇。

学术上：石化产业与物流产业前后联系作用形式较特殊，物流产业与石化产业系统的耦合升级对处于经济、产业结构调整和能源转型升级期的北部湾地区意义重大。有利于在次区域经济理论和产业耦合理论的交叉渗透中寻求突破，丰富我国沿边区域经济理论。

第二节　研究目的

本书主要将目前我国石化产业与物流产业在现有发展模式下，进行产业链耦合研究，挖掘耦合产业链中潜在的高附加值，提高地区全产业链的竞争优势。环北部湾地区都是以劳动密集型产业为主，在国家号召节能减排，产业转型升级的当下，将环北部湾地区的优势产业，即石化产业与物流产业进行耦合，形成环北部湾地区的特色产业链，创造出产业链的高附加值，带动其他延伸产业链的发展，以推动环北部湾整体经济发展。通过实证研究，说明高附加值的石化与物流耦合产业链的形成机制在国内推广的美好愿景，并希望将高附加值的石化与物流产业链耦合形成机制推广到全国，带动我国沿边经济发展。

第三节　国内外研究述评

一、国外研究述评

（一）产业均衡与非均衡之争

环北部湾区域经济发展势头强劲，而物流业与制造业的协调发展反映了这种势头的趋势。国外学者 Hirschman（1957）[5]、Bhalla（1990）[6]、Lindahl（1999）[7]的研究表明，区域中的服务业是非线性集聚效应的关键作用力，物流业与制造业的产业链耦合恰恰是这种关键作用力的集中体现。而根据 Rostow（1988）[8]的观点，环北部湾经济能够保持快速增长得益于第三产业迅速扩大的结果；筱原三代平的两条基准理论（即需求收入弹性基准与生产率上升率基准）（1957），Myrdal（1957）的循环累积因果论、Perroux（1955）的增长极理论、Willianmson（1965）的倒 "U"形理论、哈肯（1976）的协同论都为产业非均衡与产业协调问题发展提供了很好的理论前提[9]。

1943 年在《东欧和东南欧国家工业化的若干问题》一文中，发展经济学家罗森斯坦·罗丹提出，在不同部门同时进行大规模建设会帮助发展中国家或地区的国民经济，达到各个产业均衡稳定增长，期望达到整个社会经济的快速增长和多方面发展[10]。在完善凯恩斯理论的基础之上，哈罗德和多马提出了发展经济学中著名的经济增长模型，美国的经济学家拉格纳·纳克斯提出了一个"贫困恶性循环论"和斯特里顿的"完善平衡增长论"[11]，这些都是支持均衡发展理论的学者代表。而赫希曼在《经济发展的战略》中对均衡发展理论提出了质疑，冈纳·缪尔达尔发表的循环累积因果论，阿尔伯特·赫希曼发表的不平衡增长论让非均衡发展理论更加完善[12]。

支持均衡发展理论[13]的学者认为：国家的一个地区和部门经济落后，会对其他地区的发展起到阻碍作用，为了所有的经济部门和地区的均衡增长、稳定发展。他们支持政府干预，主张国家统一制定经济发展计划，强调区域之间相互依赖、相互牵制的关联性，提议平均分配资源，全面改善各区域产业的供给状况，主张对有重大影响的产业部门进行大规模的投资。

而支持非均衡发展理论的学者认为：对这些产业投入较多的资源，像那些一定时期内在某个经济空间中起支配和推动作用的经济产业称为增长极。而相对薄弱的产业则投入较少，对于经济发展不均衡的地区，应该及时发现产生的原因以及如何消除所产生的问题。在核心区与非核心区之间经济发展起到两种不同方向的作用。区域经济差异的倒"U"形理论[14]认为，经济活动的空间集中式极化是国家经济发展初期不可逾越的阶段。

国外学者对于区域产业如何有效均衡发展有着不同的观点。一个国家的经济健康发展需要解决落后地区自供给，自循环问题，而落后地区是需要对有影响力的大企业进行投资[15]，非均衡发展理论根据实际情况做出区别投资，可见是更为正确的理论。石化产业作为国家重点产业，在相对落后的环北部湾地区进行非均衡发展，实施与物流业形成产业联动，才能加快地方经济稳定发展。

（二）投入产出关联与高附加值产业链形成

国外文献直接以石化产业投入对物流业发展的外部正效应作为研究内

容的文献鲜有，大多是体现在对投入产出、产业关联的理论实证研究。美国的经济学家里昂惕夫首先提出并确立了投入产出模型分析法，系统阐述了投入产出理论的基本原理和发展历程。卡梅里亚[16]用投入产出分析确定的角色和不同的经济增加值，以及收入的重要性，重点分析旅游和旅馆、餐馆部门的投入产出关系。

Mitchell M. Tseng 提出了通过大规模定制来提高客户感知价值和降低成本的协同效应[17]，从而增强盈利能力、生产能力和物流能力，使产品具有高附加值。Cristiane Duarte Ribeiro de Souza 提出了逆向物流对废旧轮胎回收的环境影响和社会意义，从而使产业链在传递过程中形成价值链，获得附加值[18]。T Sturgeon 和 J Van Biesebroeck 从价值链、集群和网络重新规划了全球汽车产业，说明了产业链中价值链具有重要作用[19]。Gereffic G 对商品链进行了分析，分析了产业集聚的有关原因[11]。阿迪·卡立夫作为石化与天然气行业全球领导人曾在《2013 年石油与天然气现状盘点》中提到石油是全球重要能源，发展它的高附加值与相应的技术改造是未来发展的主要方向。

美国发展经济学家赫希曼[20]在《经济发展的战略》中提出产业关联理论，主要利用影响力系数和关联度系数来反映产业关联的程度，确定主导产业。沃尔夫运用投入产出分析理论论述产业间技术关联是经济增长的主要影响因素。

国外学者关于产业关联的理论为本书的论述提供了必要的思想指导和重要的理论基础。研究可以借鉴投入产出分析方法，对石化产业以及物流业某一年的投入产出表进行分析，并通过具体数据来验证产业之间的关联程度。

（三）产业耦合理论

国外对于物流业与石化产业耦合发展的研究相对较少，主要集中在物流对区域经济的影响方面，同时并未通过分析物流和石化业对区域经济的影响来研究阐述物流和石化产业如何协调耦合发展。相关研究大体可分为两类：一类在物流产业和石化产业对区域的发展影响方面，Taleghani Mohammad 在《Analysis on Factors of Regional Logistics of China-ASEAN: BASED on the Angle of the Gravity Model》中运用重力模型以中国东盟为例分析了影响物流的因素，并提出改善的方法。Ryan J Mac Donald Sarah Boon 在《Study of Coordinated Development of Logistics Industry and Regional Economic Integration Based on Provincial Data》中基于 29 省数据采用相关分析和回归分析的方法，得出物流发展水平与省际贸易壁垒存在负相关关系。此类研究主要注重物流单一产业的影响，对于其他产业产生的社会福利分析不足，同时没有考虑产业间耦合发展状态下所产出的社会效益。另一类是在产业的耦合研究上，Alexander 在《Study on the technology of financial function positioning process of industrial development in the new two class coupling》中通过产业耦合互动所处阶段评价模型，分析两类产业耦合互动所处阶段，并在此基础上，提出特定阶段相应产业的功能定位。此类文献没有对何种耦合状态产出最大社会效益深入研究。Koufteros[21] 等人发现由于政策和平台的不对称，不同区域间竞争存在恶意行为。ByE. H. Oksanen 试图从汉密尔顿函数去阐释产业耦合的社会福利[22][23]。

综上所述，国外学者对物流业和石化产业协调发展耦合关系的研究是有限的。对产业间耦合的机理，耦合关联，产业耦合的评价分析不够充分全面。同时，没有深入分析产业特定耦合阶段对社会福利的影响。

二、国内研究述评

（一）产业集群与波及效应

国内研究在吸纳国外产业波及效应和耦合理论基础上，分别从两个方面探讨了产业协调发展问题。

产业集群演化指某一地域内形成产业集聚现象，并在一段时间内进行集群演化发展，但最终会发生扩散[24]。刘雪妮等在《产业集群演化与物流业发展的耦合分析——兼论长三角制造业集群与物流产业的关系》[25]一文中，表达了集群演化是区域产业经济发展必经的一个过程。

李忠民、于庆岩则以"新丝绸之路"经济带为研究主题，分析了物流具有促进经济增长的作用[26]。刘爽利用计量关系模型及实证研究分析了物流业的发展可以提高国家经济的总体质量，对国家各方面的发展具有重要的意义[9]。王泉早在 2004 年国有石化企业现行发展模式下，提出了与物流产业相结合的想法[10]。洪定一综述了我国石化行业 2012 在高油价和经济持续低迷情况下所取得的成果，提出了技术革新，创造中国特色石化运营模式，建设世界一流石化产业[11]。

物流产业联动的波及效应研究，如宋则[27]（2008）、朱占峰[28]（2008），吴殿廷[29]（2010）、杨红[30]（2011）通过耦合模型证实以合理的比例投入扩大经济增长率是可行的。但上述成果对物流产业波及作用下，耦合产业链的形成机理以及环北部湾次区域产业结构升级的经济发展影响分析略显不足。吕涛[31]对西部地区能源利用过程中的产业联动问题进行的了研究。吴金明、邵昶提出了"4＋4＋4"模型，从产业链的四维对接、四维调控以及四种具体表现形式来诠释产业链的整个形成过程[32]。南锐、王新民、朱斌通过对农业产业链的研究，对闽台地区的农业产业链进行实地分析，提出了农业产业链的构成与不足[33]。任迎伟、胡国平引入生物学中的共生思想，将产业链内在经济关系细化与分块化，重新解构产业链链条关系，并对链条系统的串联耦合与并联耦合两种模式进行比较分析[34]。无论哪种耦合都必须依赖产业联动机制，产业联动机制[71]指在某一区域内，一个产业的规划建设变动，必将引起其他产业相对应的联动改变，达到区域内产业的平衡。

通过产业联动协调区域、城际的发展是切实可行的，罗捷茹[35]（2013）将产业联动定义为不同区域的产业之间为达到各自最大的利润，以共同建立的规划体系为依据，以其中的关键要素和产业链接为主要内容，在有效的过程控制下，实现区际产业协同发展的产业合作行为。两大产业联动协调机制的作用机理主要体现在三个方面：一是建立动力机制（推动机制），二是建立运行机制（控制机制），三是建立保障机制（制约机制与补偿机制）。蒙少东[36]（2008）等认为，建立生态补偿机制对于加强区域合作、缩小城际差距、推动经济圈协调发展具有重要意义，建立生态效益经济机制有利于理顺跨区域的利益关系。

（二）投入产出理论与外部正效应理论

国内有关投入产出的研究要晚于国外，近几年研究突飞猛进，并取得了一定的研究成果。

1. 投入产出的研究

李健、王博、田雪[37]运用投入产出分析表对产业链进行产业关联分析，建立了产业链之间的投入产出表分析模型。赵玉林、汪芳[82]对高技术产业与传统产业间运用投入产出法对两大产业之间的关联效应进行了实证分析和比较研究。刘雪妮、宁宣熙[22]等人利用投入产出分析法分析了长江制造业集群与物流业之间的产业耦合关系，利用直接关联系数、影响力系数等相关系数来具体说明产业关联情况。国家统计局也从 1995 年开始计算诱发力系数等指标。

2. 外部正效应的研究

张晨、韩兴勇[38]等学者对休闲渔业的外部正效应做了研究，根据外部正效应的特点和类型，论述了休闲渔业在经济和社会面产生的外部正效应，并提出我国休闲渔业的发展建议和措施。叶明海[39]通过会展业对旅游业的外部正效应分析，得出优化产业合作方式的建议。袁晴棠认为，积极发展高附加值产品业务是我国石化企业提高市场竞争力的战略选择，对我国石化企业如何发展高附加值产品进行了全面分析和思考[40]。马海英从现实经济效益的角度阐释了高附加值对于产品的重要性[41]。黄天柱、白秀以陕西苹果为例，研究了高附加值农产品的流通渠道，并进行了优化研究[42]。马陆亭通过借鉴与改造数学模型，分析了高附加值产业实现的三种技术途径[43]。刘华军[44]利用空间回归模型验证区域经济增长与空间溢出的关系。许赟珍[45]、黄忠平[46]对化工业基地建设集聚带来的产业链增值进行初步研究。

通过学习国内学者的研究理论，发现对石化产业与物流业发展投入产出分析的文献相对空缺，特别是对石化产业与物流业之间投入产出关系的相关文献数量较少。因此本书借鉴学者对于除石化产业与物流产业之外的其他产业之间的产业关联理论，重点研究石化产业与物流产业之间的产业关联，用投入产出方法，投入产出数据来揭示产业关系结构，对我国环北部湾石化业与物流业的快速发展有着重要意义。

深化石化产业与物流业的协调发展实践对策研究，对于环北部湾地区经济高速增长，具有十分重要的意义。物流业与石化产业协同发展是跨行业、跨地区的一个运作系统，协调程度的高低影响着产业之间的有效发展和衔接，更影响着整个运转系统的效率。产业协调程度不足主要表现在缺乏相关的规章标准和推行力度。例如石化产品运输包装要求很高，物流产业达不到相应的要求等，对运输效率方面影响较大。

物流业在环北部湾区域经济发展中起到了先导和强关联带动作用，发达的物流业对制造业具有极强的吸引力，随着环北部湾的产业结构升级，环北部湾东盟自贸区的区位优势逐渐丧失，如何通过调整现代物流业与石化产业的布局，构建更为科学合理的产业结构，这些问题在国外已有研究中鲜有涉及。

（三）产业耦合理论

我国学者对物流业和石化产业耦合研究的时间不长，产业耦合的文献成果较少，理论基础薄弱。对物流业和石化产业耦合的研究重点在物流业发展和区域经济增长耦合关系或石化产业和区域经济增长的耦合关系方面。

产业耦合理论主要指在一定的经济发展空间中，两种产业相互依赖，彼此互推，达到两种产业的共同发展。研究方法理论主要涉及数理分析方法，应用物流理论方面的有：崔国辉，李显生[47]（2011）；姜丽丽[48]（2011）；

朱念[49]等在数理分析中主要通过层次分析法（Analytic Hierarchy Process）、因子分析方法（Factor Analysis），以 SPSS 数学统计分析软件为基础，建立了区域物流业与区域经济增长的综合耦合评价指标体系，并构造了关于区域物流业发展与区域经济增长的层次因子分析评价数学模型。总体来说，侧重于产业对区域经济贡献的研究，相对于产业间如何耦合发展，耦合方面相关因素和评价方法模型的阐述研究较少。在耦合产业选择和产业耦合测度方法选择问题上，杨浩雄[50]（2005）、盛世豪[51]（2010）、李健[52]（2007）均为耦合产业链的研究提供了较好的研究方法。杨红[53]（2010）、宁方华[54]（2006）、尹新哲[55]（2011）、熊勇清[56]（2010）等人也为产业耦合测度方法开拓了新的思路。

在单纯研究产业间耦合方面的有李勇[57]、周叶[58]、苑清敏[59]等建立了不同产业结构的计量关系模型，并进行了实证研究。详尽阐述了耦合的概念特征机理，对产业间的耦合度运用灰色关联等方法进行定量测量。对于产业不同耦合状态下不同投入决策所产生的社会效益的分析不足。

丁晖提出了区域产业创新与产业升级耦合机制。分析了耦合系统的特征，耦合过程及运行机制[60]，认为这些对推动产业创新模式转变和竞争优势的获得有巨大的作用。高明、李勇[61]在研究了区域产业耦合为区域经济协调发展的重要途径后，提出了区域经济发展在区域内产业耦合、区域间产业耦合及区域社会总体的耦合作用机制。李世才通过借用物理学中的耦合理论，对战略性新兴产业与传统产业从定量的角度，对他们的耦合度和耦合红利进行了具体计算与探讨，对我们现在的研究具有重要的借鉴意义[62]。

国内学者对地区产业发展进行耦合分析，一定时期内联动发展的重要性给予了肯定。比如，有学者建议在地区科学发展过程中，促进产业集聚发展，组建特色石化产业集群。突出龙头效应，发挥大项目的龙头作用[63]。坚持市场导向化原则，优化石化产业产品结构[64]，坚持可持续发展经济原则，石化产业循环降低污染。改善周边服务体系，助力石化产业全面发展[65]，在帮助落后地区的经济发展有着显著的成效。国家对环北部湾地区的政策不断更新，导致学者也在讨论这片区域产业的集群演化发展，联动发展方面投入了极大的热情。在有了这些理论基础后，具体实施中发现问题，解决问题，利于推动环北部湾地区的经济发展。

我们对物流业或石化产业单个产业对区域经济增长耦合关系的研究较多，而直接研究物流业与石化产业协调发展的耦合关系，两大产业与区域经济发展耦合关系的研究文献较少。其中，产业间耦合方面的研究文献包括张琰飞、朱海英[66]（2013）根据产业间耦合的特征建立耦合评价指标体系，基于耦合发展的关联度模型和协调度模型分析了文化和旅游业的协调度。最后，根据模型测算结果提出了耦合对策。李勇[67]（2010）在研究中指出，区域经济转型升级的发展是离不开区域产业协调耦合的发展。区域之内的产业耦合与区域之间的产业耦合是区域经济耦合发展的前提条件。产业耦合是以产业关联为前提，并且完整的产业链是必要的。区域产业的耦合推进要得到政府的扶植和政策方面的倾向。

分析环北部湾物流业和石化产业的发展现实，课题组认为物流业与制造业的发展存在非均衡规律是共性，应联系环北部湾区位优势和资源禀赋，并参考地区基准因素具体分析环北部湾地区产业布局的个性，而以往研究忽略了地区竞争中的均衡增长、跨界产业调整的利益分配以及相关制度调整问题。物流业与石化产业通过省际产业链耦合，可以形成新的具有高附加值产业链来拉动环北部湾次区域经济增长。这种跨界的产业结构调整有别于一般产业结构调整的研究范畴。其中有两个问题急需深化研究：一是产业耦合如何从制度上保障区域经济的均衡增长和产业协调发展？具体实现路径怎样？二是如何依据产业链耦合理论选择合适的协调度评价指标体系。

从宏观角度看，石化产业作为国民经济的支柱产业，对技术与资金要求高，关系其他产业发展，经济总量大，产品广泛应用于国民基础、居民日常、航天科技等各个领域，对拉动其他产业改革发展和促进经济提升起到关键性的作用。物流业是融合运输业、仓储业、配送业和加工业等为一体综合型服务产业，提供大量的就业岗位，对总体经济具有拉动作用，同时能够促进企业结构优化、转变其发展方式。运用科学合理的办法将新老两个产业耦合发展，会提升我国在国际贸易中的核心地位，发挥更大的作用。

（四）物流通道研究

国内学者关于物流通道的研究主要分为两个方面。一方面，一部分学者通过对环北部湾地区物流通道的研究，分析了其现状并对其接下来的发展提出了自己的思考与对策。如王永富[68]在《北部湾区域物流SWOT调查分析》中从北部湾区域物流优势、劣势，机遇与威胁等方面做出了自己的评估与思考。而朱念、蓝小海[69]在《北部湾经济区石化物流的发展现状及对策思考》中也根据了北部湾经济区发展现状和趋势，对北部湾经济区石化物流的影响进行了分析，进行了PEST分析，提出该经济区发展现代石化物流的方法。岑丽阳[70]在《广西北部湾经济区港口物流通道建设探析》中分析了在战略意义下的广西港口物流通道的建设，根据现状提出了建设物流通道的方法。

另一方面，也有学者通过一些技术方法来研究物流通道的布局以及合理性等问题。如苏小军、罗霞、陈高波、李学松在《AHP法在成渝物流通道合理化选择中的应用》利用了AHP法建立物流通道合理化的数学模型[71]，并给出了通道合理化的使用算法等。再如陈菊[72]在《城市物流通道系统布局优化理论与方法研究》中分析货物运输功能的基础上，明确了城市物流通道布局的基本原则，并给出了具体的建议。王春芝[73]在《国际物流通道优选理论方法与实证研究》中，把吉林省出海物流通道作为实证，运用国际物流通道的优选理论方法并且进行了实证研究。李万青[74]对面向东盟物流通道建设提出了国家战略规划思想——西南出海大通道。

上述学者都就物流通道的问题做出了自己的研究并给出了自己独到的见解，但并没有学者就环北部湾地区石化产业的物流通道建设方案提出具体的操作方法。本书对环北部湾地区石化产业物流通道建设进行初步探索，并给出一些关于流通道建设方面的建议。

而国外方面，部分专家也是通过研究通道现状，继而提出通道建设的相关意见。Pedersen[75]分析了经济全球化发展中物流通道的发展和作用，并对洲际物流通道的运输体系、运输模式等进行了详细分析和论述。笔者参照此也能对环北部湾地区石化通道的发展做出更好评估。Dieter 和 WZB-OB 对国际物流运输网络进行了研究和宏观设计[76]。也有部分学者通过 AHP 方法对物流通道进行了研究，并提出了自己的解决方法。如 Parsons-clough 和 Yeates 两人合力对美国 I-97、I-87 温萨—魁北克城市交通走廊多模式和多模式物流通道进行了详细研究[77]。分析了铁路线路的区位基础、通道内公路及其客货流特点。提出了具体的投资方案以及通道管理方法和物流设施布局。

第四节　研究方法与技术路线

本书研究的目标是通过探寻环北部湾物流业与石化产业发展的主要影响因素以及各因素间的相互作用关系，分析其协同演化机制，从而系统地提出环北部湾区域发展的产业布局决策，最终形成动态的物流业与石化产业耦合产业链，为实现环北部湾区域经济可持续发展与经济增长方式转变提供理论支持和实践指导。针对以上目标，本书的研究思路和方法安排如下：

第一，根据项目组成员对文献进行分类纵览，进一步鉴别出物流业与制造业协调发展研究领域的前沿，理清当前研究热点和具有潜在研究价值的方向，加强论证主题的理论框架、论证技术以及数据收集和分析方法。

第二，在确定了主题并完成变量设计和抽样方案后，进行实证研究和理论研究。实证研究采用问卷法和实地调查法相结合的统计调查研究方法。根据课题实证需要对相关石化企业和物流企业安排项目人员进行实证研究工作，通过项目组成员关系安排问卷和实地调查同时进行。

第三，根据所收集的数据进行分析，以便发现环北部湾物流业与石化产业的显著影响因子及其特征、变化规则、各因子之间的相互关联，构建指标评价体系，用数理模型分析方法建立物流业与石化产业的耦合产业链模型。

第四，根据推断统计的结果进行评价研究，主要是基于产业经济学、空间经济学、演化经济学对物流业和石化产业的耦合实证结论进行评价，并进一步提炼能够有效提升整个环北部湾物流与石化产业的产出效率的管理决策机制。具体研究方法和技术路线见图 1-1。

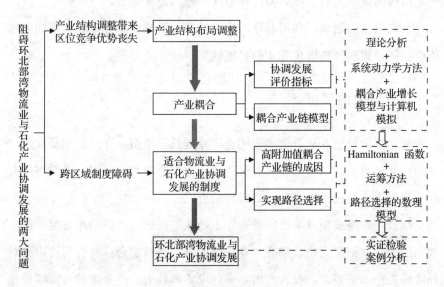

图 1-1 研究方法和技术路线

第五节 研究结论

首先，通过物流产业与石化产业耦合关系研究，为环北部湾构建面向东盟的桥头堡和重化工通道建设提供示范作用。

15

其次，对两大产业进行科学合理的产业链整合、规划及管理是提高产业产出效率、实现产业结构升级换代的最佳途径。

再次，从制度设计和制度创新上做好准备，把制度建设作为建设环北部湾主体功能示范区的重要保障。

一、研究的创新

研究视角的创新，从跨界次区域产业互动机制实证角度，研究环北部湾石化产业与物流业的耦合产业链的形成机制。

研究立意的创新，通过产业链的耦合示范作用，建立解决跨界次区域产业结构调整带来的区域贸易优势下降问题的制度渠道。

研究内容的创新，利用石化产业升级并与物流业耦合形成高附加值增值产业链，实现经济增长方式的根本转变。

二、研究的展望

环北部湾物流业与石化产业耦合产业链数学模型。在跨境贸易日益兴旺的环北部湾地区，物流业与石化产业耦合产业链数学模型的建立将更有利于了解产业链成因以及产业链延伸的方式。

耦合产业链模型寻求次区域合作下物流业与石化产业均衡发展和产出效率最大化的制度途径。耦合产业链跨区域、跨国家合作符合当前中央对外经济工作部署要求，投入产出数据获取难度较大，产业链发展需要较长时间观察，短时期数据采集很难完成。

两大产业资源配置的动态最优化模型。物流业与石化产业资源配置如何达到最优，基建投资究竟按何种比例配置，目前尚无具体定论。

第二章　环北部湾石化与物流产业关系研究

　　随着全球经济一体化发展，地区之间的经济合作已然成为不可阻挡的时代潮流。我国与东盟各国之间的经济合作与外交关系发展越来越深入，分析环北部湾石化产业面临的状况，为环北部湾经济区的政策、经济和技术等方面可持续发展提供了依据。

　　2009 年《广西北部湾经济区发展规划》的实施，意味着国家将提供更多、更大力度的政策支持泛北部湾经济区的开发开放，通过利用经济区的原料和成品的生产成本低、进出口运输距离短的优势，大力发展石油化工产业。2009 年 5 月 18 日，在国务院办公厅发《石化产业调整和振兴规划》纲要中，重新布局了烯烃大型新项目的建设，一批批石化行业的大型工程在该地区拔地崛起。为积极参与 21 世纪"海上丝绸之路"建设，经济区对已执行的相关政策法规进行修订。

　　环北部湾经济区物流基础设施建设整体比较完善，但三地之间不平衡。到 2014 年底，广东、广西、海南公路总里程分别为 20.29 万公里、10.34 万公里、2.62 万公里。在铁路建设方面，经济区积极推进泛亚铁路建设，在加快建设区内铁路的同时，将铁路线延伸到东盟各国、大西南地区和国内其他经济腹地。拥有良好的沿岸港口条件，经济区将建设建成万吨级以上泊位近 200 个，综合通行能力超过 5 亿吨。

第一节　环北部湾经济区发展现状

自 2009 年起，国务院相继提出物流石化产业的调整与振兴规划，环北部湾的石化物流产业得到了前所未有的发展，石化物流伴随着两大产业的快速成长而逐渐壮大起来，成为该区重要的经济力量。每年生产石化产品 5000 余万吨，年平均销售额 2000 多亿元，物流产业产值 500 多亿元，两产业贡献税收 240 多亿元。石化物流建设对于促进北部湾经济区协调可持续发展具有重大意义。

环北部湾经济区石化与物流协同运作方式包括两方面，其中运营最多的是当地石化企业与经营销售企业的合作自营，其次是由大型第三方物流企业来承担石化物流业务的外包工作，极少数会在石化工业园区建设服务于石化的第三方物流物业。根据统计年鉴，整理了 2004 年到 2014 年环北部湾经济区的 GDP，如表 2-1 所示。

表 2-1　2004 年到 2014 年环北部湾 GDP 情况　　（单位：亿元）

年份	广西	广东	海南	全区 GDP
2004	18864.62	3433.50	819.66	23117.78
2005	22557.37	3984.10	918.75	27460.22
2006	26587.67	4746.16	1065.67	32399.5
2007	31777.01	5823.41	1254.17	38854.59
2008	36796.71	7021.00	1503.06	45320.77
2009	39482.56	7759.16	1654.21	48895.93
2010	46013.06	9569.85	2064.50	57647.41
2011	53210.28	11720.87	2522.66	67453.81
2012	57063.92	13035.10	2855.54	72954.56
2013	62163.97	14378.00	3146.46	79688.43
2014	67792.24	15632.20	3500.72	86925.16

推进"一带一路"倡议将推动中国构建全方位开放新格局。推进"一

带一路"倡议,是中国扩大和深化对外开放、全面提高开放型经济水平的需要,是实行更加积极主动开放战略的具体实践。"一带一路"倡议的基本目的,是促进经济要素有序自由流动、资源高效配置和市场深度融合,推动沿线各国实现经济政策协调,开展更大范围、更高水平、更深层次的区域合作,打造开放、包容、均衡、普惠的区域经济合作架构。由此促进中国适应经济全球化以及区域一体化的新形势新要求,进一步促进建立和完善互利共赢、多元平衡、安全高效的开放型经济体系,构建高水平的开放型经济新体制。与此同时,根据"一带一路"倡议的总体架构,中国将充分发挥国内各地区比较优势,进一步优化西北、东北、西南、沿海和港澳台、内陆五大区块的定位与布局,加强东中西互动合作,促进全面释放内陆开放潜力、提升内陆经济开放水平,构建全方位开放新格局,促进中国经济持续健康发展。环北部湾在"一带一路"政策的带动下,将会成为中国与东盟各国之间经济发展的催化剂,为各国之间的经济政治发展带来不可估量的作用。

"三地七方"以促进新航线为切入点,包括粤西、广西、海南三地的湛江、南宁、海口三个海关,以及湛江港、北部湾港、海南港航、国投裕廊洋浦港四个港口企业。"'三地七方'联动后,一艘可装载 300 个 20 尺集装箱的进出口船舶,每航次可节省航运时间约 30 个小时,缩短航线距离约 100 海里,整船出口集装箱可节约运输成本近 10 万元。"湛江海关负责人邱刚毅告诉记者。环北部湾海关区域合作模式推行之后,湛江、南宁、海口去往东南亚的航线在当地上下货,时间上可节省 2~3 天,而且每走一个集装箱的成本也减少了 300 美元到 400 美元[①]。

另外,在"三地七方"的合力推进下,环北部湾区域进出口呈现较快增长态势。据统计,2015 年前两个月,三关区共计对"海上丝路"沿线国家进出口 561.1 亿元,与 2014 年同期相比增长 11.5%,占同期三关区

---

① 张翼."三地七方"联动促"一带一路"贸易.光明日报,2016-12-11.

进出口总值的 61%，其中对东盟的进出口增速更是高达 41.5%。根据当地经济发展实际，在合作备忘录的基础上，"三地七方"共同探索出 4 种海关监管新模式，受到外贸企业的欢迎。一是推动环北部湾港口建立集装箱驳船新航线，引导企业在环北部湾港口间开展内外贸货物同船运输，实现"内外贸货物同船运输"的作业方式，提高三地外贸运输资源的使用效益。二是推动企业相互延伸现有各港航线贯通，打造运输新航线，促进船舶在环北部湾港口间相互挂靠，把原来各港船舶单独与外港"点对点挂靠"，转成汇聚海南港航、洋浦港、湛江港、北部湾港相连与外港"多点挂靠"，实现首尾衔接、中间串联、汇聚成线。三是开展同一船舶同一港口可装可卸监管新模式，船舶在同一港口卸下进口货物的同时，可加载出口货物，或者加减载转关的集装箱货物。原来需挂靠两次港口才能完成的装卸作业改成一次即可完成，增强船舶运输能力，节约企业物流成本。四是推出"水运中转"外贸集装箱货物监管新模式，充分利用开拓的新航线，使船舶在环北部湾港口间航行时顺路搭载转关的集装箱货物，实现功能整合叠加、相互衔接和优化增效。"三地七方"的紧密合作，一方面有利于提高政府效能和服务水平，探索出与区域经济一体化相适应、与国际惯例相接轨的监管理念、模式和手段，构建出高效便捷的通关模式；另一方面，有利于港口企业强强合作、优势互补，在多式联运、优化布局及保税加工、现代物流、金融投资等领域拓展更大的发展空间。

第二节　环北部湾区域物流业与石化产业发展现状

一、环北部湾区域物流业现状

目前环北部湾经济合作区内各省、自治区的物流业发展水平参差不齐。下面以环北部湾经济区 2000—2013 年各省、自治区每年的社会物流总额为基础数据，绘制表格，以便更加直观地显示不同省、自治区的总体现状。

表 2-2　广东、广西、海南 2000－2013 年各年度社会物流总额

（单位：万亿元）

	2000	2001	2002	2003	2004	2005	2006	2007	2008	2009	2010	2011	2012	2013
广东	5.89	6.35	6.48	7.13	7.84	8.63	9.49	11.12	11.48	12.62	13.89	15.27	16.86	18.13
广西	1.05	1.26	1.39	1.53	1.68	1.85	2.03	2.89	2.93	3.22	3.54	3.9	4.3	4.92
海南	0.19	0.22	0.26	0.27	0.32	0.36	0.39	0.47	0.48	0.53	0.63	0.69	0.74	0.79

近几年来三地之间的物流业差异，同时也在一定程度上显示了三个地区之间的经济差异。广东自 2000 年以来每年的社会物流总额均高于同期海南与广西两者之和；环北部经济区物流业呈东西发展不均，南北发展不均的地理差异。具体到实际现状，需要特别注意有以下几点：

（一）海南省与广西壮族自治区的物流基础设施建设跟不上其自身经济的发展需要

以广西为例，随着近年来中国与东盟的贸易日趋频繁，作为东盟贸易桥头堡的广西承担着海陆运输枢纽站的作用，但物流基础设施仍然跟不上经贸合作发展的需要。从北海港、钦州港与防城港直接东盟有关成员国家港口的直接通航还很少，运输能力大大受限。除了海运物流紧张之外，由于广西特殊的地理特征，相关跨国铁路与跨国公路建设成本大，工程进度缓慢，广西陆运物流周转次数多，运输距离长，周期长的特点，并不能满足运输需要。环北部湾几个港口城市年吞吐量也存在较大的差异，如表 2-3 所示。

表 2-3　环北部湾 2014 年港口城市年吞吐量

货运量 \ 港口	防城港口	钦州港口	北海港口	湛江港口	海口港口
货物吞吐量（万吨）	11500	8275	2398	20000	6689
集装箱（万标箱）	296.1	70.2	8.9	50	134.6

（二）化工物流发展滞后

在环北部湾经济合作区内除了广东物流业涉及化工生产原料和机电产品比较多之外，海南和广西农产品和水产品在物流营业收入占有较大的比

重,特别是海南省是农产品出口大省,农产品的物流直接影响着海南的GDP,化工物流影响较小。对于化工产品的特殊物流,需要特种运输设备保障运输安全。而广西与海南的农产品物流还是使用传统的货物物流方式,不仅无法提供充足的安全保障,而且在流转过程中化工产品极易外泄,对环境影响较大。

(三)化工仓储、流通加工和配送落后

特别是广西与海南两个区域,仓储设施普遍不足,一些化工产品甚至出现了露天堆放重要货物的现象。与此同时,除了一些简单的分拣,再包装,基本的配送等,没有进一步能对货物进行深加工的能力与点到点的精确准时配送,不能提高产品附加值,服务与技术比较落后。

(四)地区之间差异明显,认识尚未完全一致,缺乏合作,需要深入研究和探讨

由于各省、自治区的经济状况与政策不同,导致环北部湾各地区之间的定位认识不同。而各地区之间又缺乏统一协调,使得有些措施难以实施,这就需要国家来进行统一调整规划,并进行深入研究和探讨。

二、环北部湾区域石化产业现状

环北部湾经济区 2000－2013 年广东、广西、海南每年的石化产业产值总额为基础数据,如表 2-4 所示,总体上显示三个地区的石化产业的产业现状。

表 2-4　广东、广西、海南 2000－2013 年各年度石化产业总产值

(单位:万亿元)

	2000	2001	2002	2003	2004	2005	2006	2007	2008	2009	2010	2011	2012	2013
广东	0.601	0.635	0.666	0.726	0.755	0.802	0.875	0.942	0.968	1.061	1.155	1.277	1.342	1.453
广西	0.091	0.103	0.122	0.138	0.156	0.184	0.207	0.244	0.248	0.252	0.273	0.288	0.298	0.312
海南	0.017	0.021	0.026	0.031	0.034	0.038	0.041	0.045	0.047	0.052	0.057	0.063	0.069	0.074

从表 2-4 来看,自 2008 年以来,三个地区石化产业产值增速逐步放

缓，但总体来看，环北部经济区的石化产业还是与物流业一样呈东西发展不均，南北发展不均的地理差异。

（一）石化产品需求强劲，可提供石化产品低端化

中国加入 WTO 后，塑料制品消耗量巨大，出口大幅增长。以合成树脂为原料的企业生产随之增长。环北部湾石化行业发展迅猛，但结构性及原料问题突出，自给率较低。由于环北部湾经济的高速发展，对于石化产业的依赖性越发强烈，特别是广东省，已经在惠州、茂名、中山、揭阳等地建立专业的石化产业基地，同时广西壮族自治区也在防城港、钦州等城市开始逐步建立石化产业基地，就整体而言仍属于原料型产业，层次较低。而相对于以上两个区域，海南省的石化产业处于起步阶段，低端产品大量过剩，地理环境优势未得到充分发挥。

（二）石化行业技术资源利用效率不高，企业减排压力巨大

国务院十二五期间将节能减排作为约束性指标，在石化、钢铁、建筑等领域 70% 以上的减排关键技术没有掌握，节能多以关停作为主要行政管理手段，对地方企业发展造成一定困扰。在追求可持续发展的当下，只有在广东省的茂名与惠州两市使用石化清洁生产与环境补偿机制[13]，但由于成本及政策的原因，很难在经济区内推广开来。加工制造企业数量多、规模小，布局分散，对地方经济增长带动不足。生产技术水平较低，区域间压价恶意竞争普遍，致使资源、能源和资金浪费严重。

（三）石化产业转移明显，产业结构性调整没到位

地区间分工不明确，没有协调发展。2008 年到 2010 年，广东的广州、深圳、珠海、佛山、东莞、中山 6 个城市转出企业 4056 家，投资总额 3909 亿元。2010 年茂名三个省级产业转移园共承接项目 26 个，总投资 23.86 亿元。针对环北部湾经济区内各地区状况，政府尚未制定出切实合理的总体发展战略，政府层面的互动较少，缺乏产业分工细化的宏观战略规划；对石化产业发展的重视程度不够，投入不足。

三、环北部湾石化与物流投资现状分析

为了对比展现环北部湾地区对石化及物流产业的投资现状，故收集了长三角地区、环渤海地区的数据。因国家暂未对石化产业与物流业做单独的产业分类，所以采用各地区石油加工及炼焦业投资，石油和天然气开采业投资作为石化产业投入指标，仓储业、交通运输以及邮政业固定投资为物流业投入指标，采用了2013年中国统计局各地区年度数据。

表2-5 三个区域产业固定资产投资 　　　　　　 （单位：亿元）

产业 \ 地区	长三角地区			环渤海地区					环北部湾地区		
	上海	江苏	浙江	北京	天津	河北	辽宁	山东	广东	广西	海南
石化投资	3.3	135.4	47.4	12.5	320.8	348.6	347.5	651.1	233.0	87.1	37.0
物流投资	499.0	1685.9	1454.7	656.8	603.2	2123.6	1582.4	2055.9	2444.4	1121.2	278.7
固定资产总投资	5647	36373	20782	6847	9130	23194	25107	36789	22308	11907	2698

由表2-5可以看出：三个经济区由于不同区位，政策的原因产生了获得投资不一样的情况。在中国先后已经发展成熟的环渤海地区和长三角地区，其内部根据城市的特性，对石化与物流产业进行了不均衡的投资，其中在石化资源丰富的河北、辽宁地区进行了大规模的投资，完善了环渤海地区的重化工企业发展。而环北部湾地区在面对南海丰富的油气资源，却没有投入大量的资金。物流业在经济发达城市与不发达城市之间的投资也是有很大区别，环北部湾地区的物流业投资相对于其他地区也是较为落后的。

表2-6 环北部湾地区2013年物流产业增加值 　　　　　（单位：亿元）

地区 \ 产值	物流产业增加值	地区生产总值
广东	2450.51	62474.79
广西	677.77	14449.90
海南	148.35	3177.56

从表 2-6 分析得出：在 2013 年三地通过对交通运输、仓储业及邮政业的投资建设后，物流产业在地区生产总值占的比例并不是很大。

纵观环北部湾地区建设，广东省率先在沿海地区建设了五个大型综合石化基地，茂湛沿海重化产业带、惠州大亚湾石化区、广州石化基地、汕潮揭沿海化工基地、崖门口沿岸重化产业带。可见当前广东在强大的经济实力之下，石化产业在广东沿海具有相当大的规模，而距离广西最近的湛江港也是环北部湾地区重点城市之一，现阶段茂湛工业园区的产值超过2200 亿元。

广西作为环北部湾建设规划的重要地区，北海、钦州、防城港都是重要的港口城市。这些城市区位优势明显，港口资源丰富，交通设施完善，具备发挥石化产业的条件，同时内陆城市南宁市、崇左市的交通和物流可支持部分产业的流转加工发展。

海南省位居国际海运主航线的中心位置，拥有良好的港口。前期规划发展略显成效，石化主导产业框架在海南基本形成，但产业细枝和产业规模没有形成，基础设施还不完善，省内的经济市场有限，对南海油气资源的开发不足。

第三节　石化物流业与石化产业的互动关系

一、石化物流业与石化产业的服务现状

石化物流行业是指为包括成品油、醇类、芳烃、酯类、醚类、酮类及其他液体化学品在内的石化产品提供运输、仓储、装卸、配送、信息平台服务的体系，是连接石化产品供应方和需求方的纽带。石化产品的运输方式包括水路运输、铁路运输、公路运输、航空运输和管道运输。由于水路运输成本低、运载能力强，适合国际贸易及国内沿海地区的远距离运输，而经水路运输后石化产品需在码头实现货物的中转或仓储，因此石化仓储

企业的前沿码头资源和储罐建设规模直接决定了行业的进入门槛和企业的竞争实力。

在需求方面，作为服务于石化产业的配套行业，石化物流行业需求环境伴随着石化产业的发展而发展；供给方面，基于水路运输的各项优点，码头资源和码头吞吐能力是决定石化物流企业发展的重要因素。

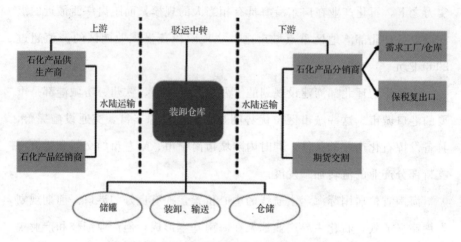

图 2-1　石化物流行业上下游的业务关系

（一）石化物流市场需求推动石化物流行业发展

石化产业是我国基础性产业，在国民经济中占有举足轻重的地位。同时我国是石化产品生产和消费大国，在石化产品的大量需求带动下，石化产业产业链也随之不断扩展和深化。石化产业的发展带动石化物流行业的进步，石化物流也为石化产业的发展提供了强大的保障和推动力。

1. 成品油市场情况

2015 年广西全年成品油零售量 786 万吨，比去年减少 2.9 万吨，其中汽油零售量 329.7 万吨，同比增加 6.8%，柴油零售量 456.3 万吨，同比减少 5%。受量价齐跌的影响，1—12 月广西限额以上石油及制品类零售额 394.6 亿元，同比下降了 3%。2015 年广东省成品油消费量 2380 万吨，增长 0.4%。在我国经济继续增长的趋势下，环北部湾成品油未来还将保持较大的消费量。由于成品油的液体属性，无论是运输还是存储都需要专业、安全的仓储环境来保证其顺利实现空间和时间的流转，而我国2010－2015年成品油表观消费量的增长也一定程度上提高了成品油的仓储管理要求和仓储需求。

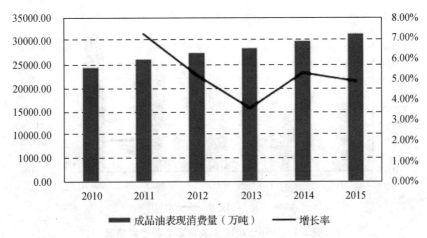

图 2-2　2010－2015 年我国成品油表观消费量

2. 大宗石化产品情况

除成品油外，石化产品还包括精甲醇、乙二醇等大宗产品。根据Wind资讯统计数据，我国精甲醇月产量呈现较明显的上升趋势，2015年12月，我国精甲醇产量高达 4010.48 万吨。我国精甲醇的产量持续走高，为石化物流行业的发展创造了较好的前提条件。

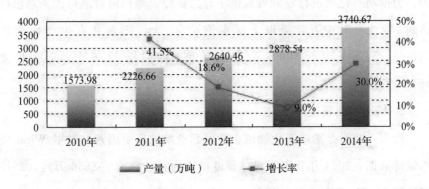

图 2-3　2010－2015 年我国精甲醇产量情况

与精甲醇类似，我国乙二醇年产量也呈现上升趋势。根据 Wind 资讯统计数据，我国乙二醇 2014 年产量 443 万吨，相比于 2004 年的 112.7 万吨产量，复合增长率达到 14.67%。2015 年达到 877 万吨，年增长量平均达到 8% 左右

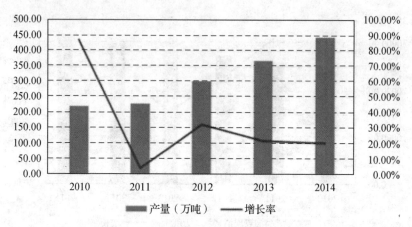

图 2-4　2010－2015 年我国乙二醇产量情况

（二）码头港口发展为石化物流行业发展提供保障

1. 码头泊位发展情况

鉴于水运的成本优势及便利性，石化产品在运输方式上普遍采用水运的形式，码头资源是影响行业发展的重要壁垒，前沿码头资源已然成为石化仓储企业的核心资产。近年来，码头长度及泊位数量均呈现逐年增长态势，为推动石化物流行业发展提供了有力保障。海南沿海港口码头总泊位达到 142 个，其中万吨级以上深水泊位 33 个。广西共有生产性泊位 710 个，码头长度 59300 米。广东有生产性泊位 3136 个，码头长度 180230 米。

2. 码头吞吐量发展情况

码头吞吐量是影响石化物流企业经营业绩的重要因素。根据 Wind 资讯统计数据，2014 年我国沿海主要港口货物吞吐量为 768866 万吨，2015 年达到 783539 万吨，同比增长 1.82%。

图 2-5　2005－2014 年我国沿海主要港口货物吞吐量（单位：亿吨）

（三）石化产品进口情况为石化物流行业提供重要支撑

从 1993 年起，我国由原油净出口国转变成净进口国。每年国内对原油的需求不断增加，但国内的原油产量有限，不足部分只能通过进口解决。根据国家统计局数据，2015 年我国原油和成品油进口量分别为 33550 万吨和 2990 万吨，原油进口量保持持续增长。

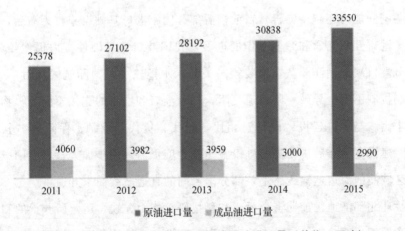

图 2-6　2010－2015 年我国原油和成品油进口量（单位：万吨）

我国原油及成品油对外依存度呈现逐年上升态势。由于我国原油资源的天然因素和经济发展的推动，未来原油进口量较大，可能还将保持增长的趋势。进口原油及成品油主要依赖海运，有利推动港口石化物流行业的发展。

二、石化产业对物流产业服务需求的焦点

随着国家西部大开发战略，环北部湾区域经济建设得到了显著的成绩，经济实力不断增强，生活水平不断提高，GDP 占全国比重不断提升，在基础设施建设方面取得了巨大进展，临海港口吞吐量超过 5.47 亿吨，逐渐完善港口集疏运能力，进一步发挥西南出海口的作用。码头吞吐量的逐年提升，要求有更多与石化产业配套的化工专用车辆、船舶、前沿码头和储罐设施。广西、海南两省经济基础较弱，尤其是广西临海港口吃水深度受限制，大型油轮必须采用驳船短驳，大大增加了石化产品运输成本。

环北部湾地区不断提高改革开放水平，日益深化与国内其他经济区的合作。就整体经济区经济实力而言还是比较欠缺的，广西、海南的工业化、城市化水平还比较低，期待寻求更多的城际合作，互助共赢，尤其是广东坚实的工业基础和完善的商业环境，可供其他两地参考学习。

港口规划不平衡，石化产品国际竞争力不强，高效送达国内各地和东盟各国的能力还亟待完善。目前东盟部分国家港口基础设施较为滞后，制约了港口互联互通和海上合作的进展，我国港口自身硬件实力仍然较弱。部分港口缺少远洋船队，集装箱码头和深水港较少，国际航线相对单一。体制机制不健全导致一些通道受阻，部分港口和铁路的连接不配套，物流成本高。与港口建设"硬件"相比，船代、货代、金融、保险等"软实力"建设更为滞后。物流基础设施建设力度仍需进一步加大，在中国—东盟区域间的海运运输线路上，部分国家间的直通航线尚未开通。

环北部湾地区前期资金投入和科技研发能力欠缺，运营所获得的利润略微低下，石化产业正在由简单的资源开发、原油炼化向技术型和资金型转化。而广西、海南石化产业起步相对于广东比较晚，产业基础设施不完善，需要从外部引进更为先进的化工技术。发达国家相对于国内在这方面的技术也比较成熟，从发达国家输入技术体系已然是一大趋势，这又将大大增加经济层面上的重担。

第四节　环北部湾经济区石化产业与物流业城际关系失调成因

一、部分城市发展带来竞争

2013 年习近平主席提出的"一带一路"倡议中，将环北部湾经济区作为 21 世纪海上丝绸之路的桥头堡，环北部湾沿海开放必将越来越受到国家的重视，给予更多的政策支持，三地之间的经济合作协调发展也被提上了日程。但是各地区之间存在 GDP 竞争，企业间的产品存在同质化竞争，化工物流小而散，发展不起来，没有形成规模化产业集群，这些都为环北部湾社会石化与物流的联动发展埋下了伏笔。广东因地处长三角要冲，南邻大亚湾，与香港、澳门毗邻，凭借其优越的地理位置先后引进了壳牌和中海油两个大的龙头项目，走在环北部湾石化产业前列。龙头项目推动广东石化产业开放建设和招商引资，目前世界 500 强企业 12 家，项目投资金额超过 2000 亿。相比较而言，广西和海南则略显尴尬。

二、经济基础发展差距大

在过去几十年里，环北部湾经济区建设取得巨大成果，经济总量不断攀升，更有"十二五"时期，经济区规划建设项目 2584 项，总投资约 2.8 万亿元，重大工程项目的投入建设将会形成连带作用，为石化与物流业的合作雄厚经济基础。

表 2-7　环北部湾经济区 2004 年至 2014 年国民生产总值列表

（单位：亿元）

年度	广东	广西	海南	全区 GDP
2004	18864.62	3433.50	819.66	23117.78
2005	22557.37	3984.10	918.75	27460.22
2006	26587.67	4746.16	1065.67	32399.52

年度	广东	广西	海南	全区GDP
2007	31777.01	5823.41	1254.17	38854.59
2008	36796.71	7021.00	1503.06	45320.77
2009	39482.56	7759.16	1654.21	48895.93
2010	46013.06	9569.85	2064.50	57647.41
2011	53210.28	11720.87	2522.66	67453.81
2012	57063.92	13035.10	2855.54	72954.56
2013	62163.97	14378.00	3146.46	79688.43
2014	67792.24	15632.20	3500.72	86925.16

　　环北部湾拥有地理优势，港湾条件好，但是港口的基础设施建设并没有与之相匹配。例如，广西沿海属于地方铁路，但是连通西南地区和珠江三角洲地区的铁路线是国有铁路，南宁铁路局在地方铁路与国有铁路运行计划、车辆调度和运价方面的权衡和转换方面会更加注重国有铁路干线，造成地方铁路方面周转不便，降低物流速度，阻碍了石化企业的快速发展。低水平的基础设施建设则会严重阻碍物流效率的提高。

表 2-8　环北部湾经济区财政收入情况列表　　（单位：亿元）

年度	广东	广西	海南	财政总收入
2006	12630.36	1157.17	243.1	14030.63
2007	15240.58	1443.56	330.03	17014.17
2008	17981.17	1725.01	397.03	20103.21
2009	21365.21	2098.03	425.75	23888.99
2010	26304.88	2318.37	467.10	29090.35
2011	28526.34	2673.46	501.39	31701.19
2012	32467.13	2906.64	560.34	35934.11
2013	36785.34	3461.68	597.14	40844.16
2014	39012.97	3894.61	627.54	43535.12

三、社会影响因素复杂

　　环北部湾经济区地处北部湾沿海地区，呈包围趋势；该区域经济区面积巨大，人口总量占全国人口的 11.84%，且随着经济的增长而上升；近几年来当地对城际的协调发展，经济的可持续发展越来越重视。优越的地理位置，巨大的人才资源，良好的社会文化环境，都为经济区石化与物流产业的合作发展提供了更多可能性。

物流运作效率低下已经成为社会共识，如何在不降低物流成本的同时，还能提高物流效率成为企业亟待解决的难题之一。在物流过程中，石化产业与其配合的难度较大，难免会有不必要的浪费，造成财力和人力的损失。对于环北部湾来说，欠缺的是大型的专业化物流企业，如何吸引优质物流服务提供商是现阶段环北部湾提高运作效率的当务之急。由于管理体制不完善，潜在的市场需求与现有的物流水平存在着较大的矛盾，基础设施和技术因素不能满足要求，使得物流运作效率低下成为阻碍环北部湾物流业与石化产业发展的阻碍。

我国的物流业物流费用高，基础设施薄弱，地方封锁和行业垄断等问题已经是阻碍我国经济发展的重大阻碍。我国物流总费用与国内生产总值的比率，近年一直徘徊在 18% 左右，这一比率高于美国、日本和德国 9.5 个百分点左右，高于全球平均水平约 6.5 个百分点。在环北部湾物流业与石化产业发展的同时，油价过高，仓储成本居高不下，又因为现在各项管理机制不成熟，更有许多乱收费和各种罚款的现象存在。在实际中，石化产业与物流业紧密相关，在采购、运输、仓储、流通加工等多个流程都体现出了两者之间的联系。因此，如何降低物流成本是现如今石化企业亟待解决的问题。

现代物流的快速发展，对物流人才的需求量越来越大，从业人员水平也越来越高。随着信息技术、自动仓储技术、包装技术、装卸搬运技术及相应设备大量在物流活动中应用，以及市场对物流服务质量要求的提高，高素质人才需求进一步加大。环北部湾经济区所处的地理位置也对物流人才的缺失有一定的影响，出现了流动性较大的局面。因此，拥有高素质、低流动性的物流人才，是决定其产业能否快速健康发展的条件之一。

四、行业管理与技术壁垒

受企业发展定位和产品流程固化影响，央企对地方工业带动效应有限。小企业无法集聚，中间原料供给无法落实，严重影响地方对石化产业政策落实。目前，环北部湾经济区广东省石油化工产业技术相对比较成熟，原油气勘探、测井钻井、自动化控制、油气炼化、化学合成工业等整个产业链技术都比较先进；广东在物流产业方面也优于其他两个地区，服务于物流的电子计算机、通信网络设备、配送、库存、装卸、包装等技术也具有一定规模；两大产业之间也有相对关联的信息管理网络。广西和海南有较好的海上资源和人力资源优势，从优势互补角度来说，跨区域技术合作仍有一定的协调合作空间。

环北部湾石化与物流产业管理体制存在着"多头共管，谁也不管；群龙治水，一管就死"的现象，导致其石化物流业运作极不规范，物流市场出现了无序竞争。这些不安定因素，增加了石化物流过程中的安全隐患，降低了石化物流的服务水平和客户体验。物流技术不规范增加企业的隐性成本，甚至为了提高自身利益，人为制造技术壁垒，提高了管理难度，严重影响企业的发展速度。物流运行本身需要面对较大的技术约束、市场需求约束和制度约束，企业的经营管理水平有待通过技术优势发挥来进一步提高。

第五节 环北部湾经济区石化物流产业协调联动发展存在的障碍

一、物流运作效率低

环北部湾地区石化企业大多集中于广东，零星的分布在广西、海南，这些石化企业规模都比较大，生产技术先进，但是，供应链物流在采购、运输、生产、销售环节上很难与石化产业进行同步运作，这样就很容易造成资源的浪费和生产效率的底下。

高速公路费用高。据统计，该地区95%的高速公路收费，货车经过高速路口不仅要停车办手续，还大大增加了物流成本，降低物流效率。行业人员沿路随意排放，形成了一定规模的"废品"收购站网络。广石化周边5公里废品收购站林立，大亚湾炼厂周边10公里废品站也不少，凡是化工厂周边必有废品收购，造成资源的浪费。在液体石化产品运输过程中，损耗在0.3%被认为是合理的，而该地区每运输30吨产品，平均少120千克，大大超出合理范围。环北部湾目前所面临的首要问题就是，欠缺高效率、高复合型的现代化物流企业。

二、物流运营不规范

环北部湾地区现代化物流模式观念欠缺，管理体系中出现多部门控制，政策制定不够完善；不少企业主辅不分，流程重复、繁杂，分工不明确，部分企业自己承担物流职能，进行自营而不外包，导致物流的社会化程度偏低；大部分物流企业配送、仓储、运输等服务水平不尽如人意，尤其是与大型的制造业、商贸业、农业合作不足，不能向专业的第三方物流企业转型，培养自己的专业品牌，一味希望做大，走向供、产、销、仓储与运输配送等一条龙服务，泛而不专，难以形成自己的核心竞争力。广东联邦快递公司就出现过受委托物丢失现象，后来查明是在数据统计中出错，导致货物丢失，而事后的赔偿也未尽人意，这些种种都体现物流运营上的不规范运作。消费市场不规范，安全事故多发都将大大增加隐形成本，良好的物流运营离不开规范严格的管理体制。

三、基础设施建设薄弱

环北部湾地区沿岸港口条件优良，但是物流设施设备缺乏。特别的公路、铁路里程不够多，截至 2014 年底，广东、广西、海南公路总里程分别为 20.29、10.34、2.62 万公里，铁路分别为 4300、3600、3186 公里。如果按经济区面积和人口数量来衡量物流网络的密度，则该地区仅为 2021.48 公里/万平方公里和 12.46 公里/万人，而长三角地区为 5746.87 公里/万平方公里和 372.63 公里/万人，而三个地区万吨级以上港口才 86 个，这些基础设施完全跟不上石化与物流的协调发展。在包装与搬运设施方面，还没有全面采用机械化、自动化的搬运设施，这些方式在一定程度上可以改善物流活动中货物运输的散乱状况和人背肩扛的手工搬运方式。目前，自主开发和研制的各种包装设备和搬运机械设备分别多达数百种，估计仅搬运机械设备制造业的年产值就有 400 亿～500 亿元。运作体系不够完善，相对其他发达区域都比较欠缺，这些劣势都将制约当地石化物流联动发展的步伐。

四、区域合作不够紧密

由于受到保护地区经济优先发展的影响，地方政府在推行石化与物流产业联动发展的进程中都有所保留。三个地区之间产业合作不紧密，分工不明确，运作不协调。区域合作没有很好建立起机制平台和规划体系，比如广西在重新规划石化产业时没有考虑与广东、海南的合作；互联网、交通运输网络无缝连接体系初步形成，根据高速公路网、国道网规划调整方案，完成省区交通运输网路布局方案的调整工作；经济布局受地方行政管理影响大，当地计划经济影响浓厚，推动产业合作主要靠政府推动。这种管理体系下运行的以行政区域布局经济规划，制约环北部湾经济的可持续发展。

五、物流信息化水平低

高效有序的管理数据信息在现代物流体系中已经成为中流砥柱。但就当前状况来看，环北部湾地区众多物流企业在分散的体系中运输，网络化程度低，高效率、低成本的多式联运发展滞后，海铁联运占比仅为5.7%，发达经济区多为40%～50%，交通运输方面的技术运用还不普及，一些烦琐的操作依然依靠人工完成，自动分拣、车队精确定位、低耗仓储等技术还不成熟，而在物流信息服务、订单管理、库存管理、物流成本控制、物流方案设计以及供应链管理等以信息技术为基础的物流增值服务方面，还没有或根本没有能力全面展开。信息化水平与发达经济区域差距比较大，正在经历快速发展的阶段。

第三章　石化与物流耦合产业链条价值传导机理

石化与物流耦合产业链研究成果已经有了较好的理论基础，通过查阅和分析国内外的文献发现，产业链耦合的研究目前阶段主要集中在区域中的优势产业之间，优势产业的产业链具有相对的稳定性，耦合形成的产业协同机制较为稳定。产品具有高附加值的发展趋势越来越明显，高附加值有利于提高产品的竞争优势，有利于产品占据市场份额。环北部湾地区具有重要的地理优势，面向东盟，是链接中国与东盟市场的国际大通道，发展高附加值的石化与物流耦合产业链，有助于开拓国际市场。

第一节　高附加值的石化与物流耦合产业链形成机制理论分析

一、高附加值的石化与物流耦合产业链

我国产业发展从劳动密集型向资源集约型、技术创新型转变，环北部湾地区处于劳动密集型产业的集中地之一。石化产业与物流产业均为环北部湾地区的重要产业，高附加值的石化与物流耦合产业链极易形成。高附加值的石化与物流耦合产业链指石化产业与物流产业在相互关联、相互协调、相互促进过程中进行耦合，从而形成新的耦合产业链。石化与物流耦

合产业链能够从价值链、企业链、供需链和空间链四个维度创造出他们各自原本所不具有的高附加值。因此，称其为高附加值的石化与物流耦合产业链。

本书的石化与物流产业链耦合机制是指存在内在的、长期联系的大、中、小不同类型的石化与物流企业间相互补充、共同生存、协同计划的机制，它们通过系统在资源上的互补与合作，构建一种具有耦合特点的生产活动，同时它们是以实现经济与环境双赢为目的，将石化与物流产业紧密联系在一起的组织活动。

高附加值的耦合产业链具有以下基本特征：

第一，石化产业与物流产业相互关联，相互作用，协同发展；

第二，石化产业与物流产业间进行资源共享，有效降低各项成本；

第三，能创造单个产业无法创造的高附加值；

第四，石化与物流耦合产业链的发展，将带动区域产业发展，具有延伸性。

依据产业经济学的结构—行为—绩效，即 SCP 分析方法，将石化产业和物流产业进行比较，可以看出两者之间存在着显著的差异，如表 3-1 所示。

表 3-1 石化产业与物流产业的 SCP 比较

	石化产业	物流产业
代表产业	化肥、橡胶、农药、合成材料、半成品（汽油、乙烯等）	运输、仓储、装卸、搬运、包装、流通加工、配送、信息平台
基本特征	高能耗，高污染，高成本，生产技术要求苛刻，是人们日常生活必不可少的产物	复合型产业，服务型产业
结构	科研实力强，劳动力、资金和技术是主要的生产因素	对物流需要的配套基础设施要求高，信息交流要求具有时效性
行为	以低端石化产业为主	建立完善的物流基础设施和信息交流平台
绩效	国家处于垄断地位，主要以低端石化产业获取利润	市场竞争力大，创造的社会效益显著

二、耦合产业链的内涵

石化产业与物流产业耦合形成的产业链是基于石化产业上游到物流产

业下游各相关环节，由供需链、企业链、空间链和价值链四个维度有机组合而形成的链条。如图 3-1 所示，四面体 ABCD 的四个面分别表示耦合产业链中的四个维度。其中，底面 BCD 表示耦合产业链中价值链，其他三个面 ABD、ABC、ACD 分别表示耦合产业链中的供需链、空间链和企业链，四个面之间互相依托、彼此对接，形成一个整体。

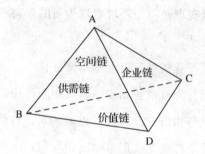

图 3-1　四维产业链示意图

本书主要针对环北部湾地区石化与物流产业耦合的高附加值展开研究，下面先具体展开并介绍环北部湾地区石化与物流耦合产业链中的价值链、企业链、供应链、空间链的具体含义。

（一）价值链

对于环北部湾地区石化与物流耦合产业链集群的发展，归根到底还是要落到价值的分配和实现上。价值链在耦合产业链中具有重要地位，从近些年产业收益和利润分配上看，环北部湾地区石化产业与物流产业在面向西南经济区、泛珠三角经济区和东盟自由贸易区的价值链上处于初级位置，即耦合产业链中的大多数企业由于自主创新能力不足，核心技术掌握不到位，应用技术的能力有限，只能对产品进行粗加工。因此，在价值链上处于被动地位，而对高附加值的分配和实现能力是很有限的，石化产业与物流产业表现为高端价值实现少，中低端价值实现较多的前后向失调的价值链。

（二）企业链

环北部湾地区耦合产业链企业链的上游，主要是国家大型石化企业、省级龙头石化企业，是耦合产业链的中坚力量，生产和管理模式影响到下游物流企业；下游主要是一些大型的第三方物流企业和中小型的私人物流运输公司。在环北部湾地区石化企业与物流企业都发展良好，协同效应也初具规模。上游石化企业负责产品的深加工，石化技术的研究和应用，打造地区规模效益，实现石化品的高附加值和维持耦合产业链的竞争力；而下游的物流企业主要为上游石化企业的生产和加工出来的石化产品提供相关配套服务，将环北部湾的特色石化产品及时、迅速地运达消费者或企业手中。

（三）供需链

供需链是产业链研究的基础。供需链主要是处理产业链上"点"和"点"之间的关系。供需链包括三个方面，即需求链、供应链和知识链。环北部湾地区耦合产业链中的需求链由生产者需求链和消费者需求链两个部分组成，即石化加工企业对原料的需求链和消费者对石化产品的需求链，它的要素表现形式是无形。而耦合产业链中的供应链主要指物流链与要素链，它的表现形式通常是有形的。耦合产业链中最后的知识链包括技术链和服务链，石化企业技术创新是提高产品高附加值的主要方式，服务链中从业人员的良好服务也是提高产业链附加值的有效方式之一。

（四）空间链

本书研究的耦合产业链的空间链指耦合产业链中的石化企业与物流企业在环北部湾地区集聚，形成区域耦合产业链。从世界角度来看，环北部湾地区处在环太平洋航道旁边，各个港口都有便捷航道联结东南亚、中东、欧洲、大洋洲及非洲等世界各地，是我国内陆通往国际市场的通道和跳板。同时，环北部湾区域腹地比较广阔，从空间上可分为三个层次：第一层指"二国四方"构成的北部湾；第二层指临近北部湾的广东、广西、海南；第三层包括云南、贵州、四川、重庆、西藏、湖南、湖北、江西等。随着中国—东盟自由贸易区的建立，环北部湾各港口将成为中国内地与东盟地区合作的连接纽带。

三、耦合产业链形成的条件和动因

随着科学技术的快速发展，生产力水平的不断提高，生产过程划分成许多有关联的生产环节。环北部湾地区的石化企业难以应对越来越复杂的分工与交易活动，不得不寻找企业间的相互关联，在搜寻过程中不难发现，石化产业与物流产业的关联度是十分紧密的。这种关系引导两个产业企业间各组织相互合作，就是耦合产业链形成的条件。

如图 3-2 所示，环北部湾耦合产业链的形成首先是由环北部湾地区的社会分工引起的，在交易机制的作用下不断引起产业链组织的深化。在图 3-3 中，C1、C2、C3 表示社会分工的程度，其中，C3＞C2＞C1 表示社会分工程度的不断加深；A1、A2、A3 表示市场交易的程度，A3＞A2＞A1 表示市场交易程度的不断加深；B1、B2、B3 表示耦合产业链的发展程度，B3＞B2＞B1 表示耦合产业链条的不断延伸和耦合产业链形式的日益复杂化。三个坐标相交的原点 0，表示既无社会分工也无市场交易更无产业链产生的初始状态。从 C1 点开始，而不是从坐标原点开始，意味着社会分工是市场交易的起点，也是耦合产业链产生的起点。

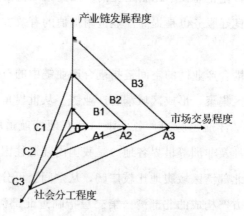

图 3-2　产业链形成的蛛网模型

产业价值的实现和创造是石化与物流耦合产业链形成的动因。产业链是产业价值实现和增值的根本途径，而耦合产业链作为产业链的再组合，更为产业增值提供可能。耦合产业链是为了使企业关联下生产出的产品价值的最大化，它的本质是体现"1+1＞2"的价值增值效应。

四、石化与物流产业链形成机理

（一）优势产业是产业耦合的前提

经过调查研究发现，世界各国现阶段的产业耦合一般发生在一定区域内的两个优势产业之间。很少或者说基本不会出现不是优势产业的两个产业进行耦合，形成新的耦合产业链。因为只有是区域内的两个优势产业，两个产业间才能相互促进、互相影响、互相推动发展。不具有优势的产业没有这样的作用，很难形成新的产业链。石化产业是我国的支柱产业，对我国经济发展有着举足轻重的作用。环北部湾地区的石化产业与物流产业相交于国内其他地区，都有较大优势。区域内石化产业集聚，且物流产业也已形成一定的规模，为环北部湾地区石化产业与物流产业的耦合提供了基础和前提。从图 3-3 和 3-4 分别反应的石化产业的利润增速和 2008－2014 年中国规模以上物流企业营收规模，都能切实证明石化产业与物流产业均为优势产业。

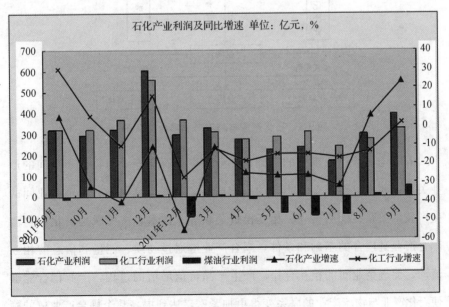

图 3-3 石化产业利润及同比增速

图 3-4　2008－2014 年中国规模以上物流企业营收规模

（二）石化产业与物流产业的耦合发展

以系统论为基础的石化产业与物流产业间的相互依赖、相互协调、相互促进的动态关联关系，如图 3-5 所示。

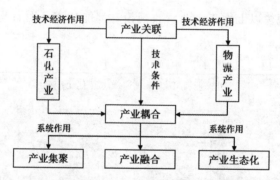

图 3-5　石化产业与物流产业耦合关系图

石化与物流产业耦合的基础是产业关联。石化产业与物流产业间的产业关联主要指以石化企业生产的石化产品的关联，其他还有两个产业间的生产技术关联、价格关联、相互投资关联等。技术经济关联是石化与物流耦合产业链耦合的基础和条件。耦合产业链通过物质、能量和信息的相互流动，促进企业间的相互合作，产生产品价值增值的过程，产业耦合能够使石化产业与物流产业的联系变得更加紧密，达到提高整个耦合产业链的稳定性和效率的作用，即产业关联是石化产业与物流产业耦合的基本技术条件。

石化产业与物流产业之间具有良好的关联性、协同效应，能大大提高整个产业链的稳定性和效率，促进产业集聚与产业融合，带来更大的经济效益。

第二节　石化与物流产业链的高附加值来源及提高渠道

一、石化与物流产业链的高附加值来源

石化与物流耦合产业链中能创造出新的高附加值，即使产品的服务价值、技术含量、文化价值在生产过程中获得巨大的提升。石化与物流耦合产业链成为新型高附加值产业，为环北部湾的产业升级与形成自己的特色产业奠定基础。石化与物流产业链的高附加值来源：

（一）服务价值

石化企业作为产业链上游的生产加工企业，负责石化原料的进一步加工或深加工。与物流企业相比，本身没有大型车队及完善的信息资源。在向用户发送产品时，往往需要临时寻找车辆或第三方物流代为运输，造成了运输成本高，运输效率低，运输的准确率也低的局面。石化企业可以及时将自己生产的产品通过物流公司的交通基础设施及完善的信息资源，选择一条最快、最安全、效益最高的路线，将产品送达到用户手中，实现产业链产品高效、准确的高附加值。即石化产业链中体现供需链良好服务价值。

（二）技术含量

科学技术是第一生产力，企业间竞争的决胜因素在于所生产的产品的技术含量。在日益严峻的竞争压力下，耦合产业连会推动石化企业进行技术改革，生产出更多具有更高价值的石化产品，来满足当前社会发展的需要，这些新生产出来的具有更高技术含量的石化产品及副石化产品就具有更高的附加值。而耦合产业链下游的物流产业会将市场上用户所需求的产品信息反馈给上游加工石化企业，根据顾客需求，进行定向技术创新、产品创新，生产满足各种用户需求的石化产品。具有更高技术含量的产品或

更加符合市场需求的产品就是具有高附加值的商品，同时也是耦合产业链高附加值来源的主要方式之一。耦合产业链使产品具有更高的技术含量，更符合市场需求。

（三）文化价值

石化与物流耦合产业链的发展，会促进石化企业与物流企业间的相互交流沟通。企业文化是一个企业自身的灵魂所在，是影响企业团队合作能力、执行能力的重要因素。每个企业都有属于自己的企业文化，在某些方面都存在着积极的意义。耦合产业链会促进石化企业与物流企业的沟通交流，使他们自身优秀的企业文化相互影响、相互促进。在优良的企业文化的熏陶下，无形中提高员工的执行效率和创新观念，设计出来的产品更加具有文化附加值，即知识附加值，是企业链的重要价值所在。高附加值的重要来源之一是企业链中的知识链，大力拓展文化价值，将有助于提高耦合产业链的高附加值。

二、石化与物流耦合产业链高附加值的提高渠道

（一）利用自身优势延伸产业链

以消费市场为导向，利用环北部湾地区自身的石油原料、技术优势、完善的物流基础设施，有选择地延伸产业链，提高石化产品的附加值是国外石化公司发展高附加值产品的主要方式。例如，埃克森美孚公司以自有的聚烯烃产业为基础，利用自产的烯烃原料和拥有的茂金属催化剂的优良技术，大力发展茂金属聚烯烃。英国石油公司利用醋酸产品和技术优势，发展了醋酐、醋酸乙烯等产品。环北部湾地区耦合产业链中的企业应借鉴国外成功的做法和经验，有选择地延伸产业链。例如，环北部湾地区的田东石化工业园区可以与氯碱、炼化、煤炭物流园区等现有骨干企业，实施炼化一体化，重点发展乙烯、丙烯相关的环氧乙烷、化纤油剂、乙醇胺、聚丙烯、丙烯酸、丙烯酸乙酯、丙烯酸丁酯等下游产品。以市场为导向，从自己拥有的优势出发，有选择性地适度延伸产业链，是石化企业发展高

附加值产品业务的重要举措。

（二）加快耦合产业链技术创新

环北部湾耦合产业链要想实现产品的高附加值化，就必须加快技术创新步伐，加大技术创新力度，同时加大采用国内外先进技术的力度，积极与国内外拥有先进技术的单位开展科技合作，加快高附加值产品技术的研发速度，为发展高附加值产品业务提供技术支撑。同时，物流产业也要进行技术创新，物流环节的技术创新同样能够增加产品的附加值。例如车辆：在运输过程中，车辆本身若对石油能有一定的降解作用，那么石油产品的附加值价值将会大大增加，更受消费者欢迎。

（三）开发产业链 APP 技术应用

进入 21 世纪以来，信息资源成为企业竞争重要环节。随着互联网的普及，电脑已经走进了千家万户，企业间信息平台也已经建立的十分完善。伴随手机功能的日益完善，APP 技术已十分成熟，并在现实生活中得到广泛应用。开发耦合产业链的 APP 技术，可以使消费者通过移动端，实时了解耦合产业链中企业的一切信息及购物时货物的运输时间、方式及费用的选择。使两者间的信息交流更加流畅，使产品运输变得更加快捷、便利，能够以最快的时效性满足消费者，即提高产品运输时效，从而提升产品的附加值。

（四）加快从业者素质提升转变为附加值

服务价值是构成产品总价值的重要部分之一。现代消费者在选购商品时，不仅注重产品本身的价值，也注重产品的服务价值。在石化与物流耦合产业链中服务价值主要体现在物流从业人员的服务态度上，而从业人员的素质直接关系到物流从业人员的服务态度。因此，石化与物流耦合产业链中，要想提升产业链的高附加值，培养专业的物流从业人员，提高物流从业人员的素质教育是其中重要的一环。专业又有素质的物流从业人员在将产品送达到消费者手中时，能使消费者感受到其良好的服务态度，认为自己的消费行为是物有所值的，这就实现了产业链的附加值。因此，要提高从业人员素质，创造出耦合产业链中服务态度的附加值。

第三节　环北部湾的化工相关数据分析

一、数据分析

目前环北部湾经济圈内的中国广西、广东、海南和越南北部的诸多大中城市的经济实力已经具备了一定的规模和水平，以大中城市和产业为依托的局面基本形成，中国—东盟自由贸易区建立为环北部湾的发展奠定了良好的基础，开发环北部湾的时机已经成熟。环北部湾地区的产业类型以劳动密集型产业为主的趋势没有发生改变，产业转型升级步伐缓慢，开发形成环北部湾特色产业链迫在眉睫。北部湾广西玉柴能源化工有限公司、中国石油化工集团公司都在积极转型，追寻更高的利益。图 3-6 反映了当前阶段环北部湾地区的一些主要产业的利润率。石化产业的利润率为3.7%，在诸多产业中并不算高。

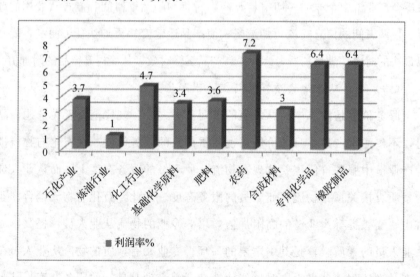

图 3-6　环北部湾产业链耦合前石化产业与其他化工产业利润率对比图①

---

① 资料来源：国家产业数据网。

二、耦合产业链创造的高附加值分析

（一）耦合产业链创造高附加值的分析模型

图 3-7 显示了价值创造理论中相关概念的关系。V 为环北部湾耦合产业链的产品或服务对消费者而言的价值，也是消费者愿意支付的价格；P 为耦合产业链中企业的实际定价，该单位价格受行业环境与竞争情况的影响；C 为企业提供该项产品或服务产生的单位成本，包含了生产成本与经营成本。（V－P）即为消费者剩余，是消费者的支付意愿与消费者的实际支付量之差。V 与 P 之间的差额受竞争压力影响，竞争压力越小，则相对于 V 能要求的定价就越高；（P－C）则是生产者剩余，也是企业售出单位产品或服务的利润，用 π 表示，C 相对于 P 越低，企业的利润越高。

环北部湾石化与物流耦合产业链中企业的价值创造可以用（V－C）来表示，即企业的价值创造取决于两个基本条件：用户对企业商品或服务所评估的价值量（指感觉到的价值）和企业提供该商品或服务的成本。企业把成本为 C 的投入转化为消费者认可的具有价值为 V 的产品或服务，从而创造了价值。企业通过降低成本 C，或通过提升产品或服务在消费者心目中的价值 V，以使他们愿意支付更高的价格 P，都能创造更多的价值。同时，不管是提高 V（从客户价值需求角度来看，用户对企业产品价值评估得越高，企业对那些产品的价格也能定得越高）还是降低 C，利润 π，即 P 与 C 的差额都会增加，即耦合产业链生产产品所创造的附加值增加。

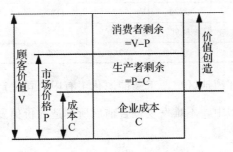

图 3-7　价值创造模型

用市场总剩余将环北部湾地区石化与物流耦合产业链中的企业所创造的高附加值表示：

总剩余＝消费者剩余＋生产者剩余＝（V－P）＋（P－C）＝V－C＝价值创造

新创造的高附加值＝耦合后的价值创造－耦合前的价值创造

通过价值创造模型，可知要想耦合产业链中的相关企业创造出最优的高附加值，就必须使的顾客价值（V）尽可能地大，而成本（C）尽可能地小，才能使创造价值尽可能地大，即 V－C 最大化。当环北部湾地区应用石化与物流耦合产业链形成机制后，所产生的耦合后的价值创造－耦合前的价值创造＝新创造的高附加值，代表了石化与物流耦合产业链耦合才产生的高附加值。

（二）环北部湾数据检验

对环北部湾地区广西玉柴能源化工有限公司生产的重油制芳烃近几年创造价值情况及耦合前后所创造的价值进行对比，说明石化与物流耦合产业链的形成能够产生巨大的高附加值。表 3-2 中的数据均表示广西玉柴能源有限公司生产每吨重油制芳烃所对应的数值。

表 3-2　2015 年耦合前后重油制芳烃所创造的价值[①]　　　　（万元）

耦合前	企业成本（C）	市场价格（P）	顾客价值（V）	生产者剩余（P－C）	消费者剩余（V－P）	价值创造（V－C）
2010 年	3800	4800	5100	1000	300	1300
2011 年	3850	4930	5250	1080	320	1400
2012 年	3900	5000	5350	1100	350	1450
2013 年	4100	5220	5570	1120	350	1470
2014 年	4280	5390	5760	1110	370	1480
2015 年	4400	5700	6160	1300	460	1760

通过将环北部湾地区广西玉柴能源化工有限公司生产的重油制芳烃的相关数据代入模型中，不难发现耦合前后所创造的价值发生了较为明显的

---

① 数据来源：互联网。

变化。在 2010 年到 2014 年基本稳定在 1400 万元左右，没有明显的变化。环北部湾地区形成自身独有特色的石化与物流耦合产业链后，耦合后在 2015 年可创造的值值为 1760 万元，较之前几年的 1400 万元增加了 360 万元。

$$新创造的高附加值＝1760－1400＝360\ 万元$$

这 360 万元代表着由石化与物流耦合才带来的新的高附加值，验证了石化与物流耦合产业链形成机制切实可行，能够创造出新的高附加值的理论，同时标志着耦合产业链所创造价值的一个巨大飞跃。

第四节　高附加值耦合产业链亟待解决的几个问题

一、保持产业链生态活力

环北部湾石化与物流耦合产业链的企业链活力反映了该地区石化企业与物流企业间的联系与交流程度的高低。只有保持企业链活力，才能使产业链能够正常运转。因此要做到：首先，可以根据耦合产业链产品生产的同质性或互补性，合并一系列耦合产业链中优势企业，重组具有高技术、高影响力的企业，来带动周边企业发展。比如，在环北部湾地区的大型石化企业可以考虑进行一系列重组，通过减少企业的数量来加快彼此资源的整合和优化。其次，要完善耦合产业链里企业的竞合机制，带动环北部湾耦合产业链中的企业同步发展，重点发展有较大潜力的企业，培育行业龙头企业，对于那些生产条件落后的企业，实行收购、归并制度，保持整个产业链生态活力。

二、重视技术链创新

技术链是耦合产业链发展的关键，影响着产品链、价值链、企业链、供需链和空间链的完善和优化。技术链的创新问题关系着石化与物流耦合产业链形成机制能否在环北部湾地区顺利进行与推广。创新技术链就是要大力发展以高附加值为核心的高新技术，通过从国外引进或自行研发的方式创新技术，提高产业链的附加值。对于环北部湾地区来说，较为薄弱的环节是对科技投入力度不够大，继续保持着以劳动密集型产业为主的产业模式。环北部湾地区政府应鼓励企业积极进行技术创新，给予一定的政策倾斜与补贴，以激励企业长久保持对技术创新的活力与动力。

三、减少或消除区域间产业壁垒

减少或消除区域间产业壁垒，要消除人为因素产生的隔离和屏蔽，保证区域间空间链畅通。首先让环北部湾地区：海南、广东、广西政策制定主体应该保持政策上的互相协调和统一，加速环北部湾三地间的技术交流和科技、经贸合作。切实认识到真正意义上的互补合作是可以加速耦合产业链形成的，符合环北部湾地区三地人民的根本利益。针对当前现状，三地应进行深度对接，组成环北部湾耦合产业空间链，并把环北部湾地区作为石化与物流耦合产业链形成机制在全国推广的"先行先试"的突破口，使它们不论是在纵向联系上，还是横向关联上，都应该有效地进行对接，发挥各自的优势。同时，环北部湾地区的石化企业与物流企业应该积极与政府沟通，废除和修改一些不利于区域经济发展的政策，建立一些保护政策使生产和消费市场彼此之间畅通无阻。

四、重视价值链高附加值的分配和实现

高附加值化是现代最能够综合反映一个地区经济运行水平的新标志。注重耦合产业链高附加值的分配和实现，构建一条等级适当的价值链。等级适当的价值链就是指环北部湾地区耦合产业链能够将生产出来的高附加值产品、中附加值产品和低附加值产品保持一个适当的比例，并且以高附加值的产品占据较高的比重。石化与物流耦合产生高附加值是必然趋势，

保持耦合产业链的平稳发展，就要对耦合产业链产生的高附加值，合理分配给产业链中各个企业，使产业链中的各个企业都能获得自己的利益，保证产业链从生产、销售、服务都能处在一个良好的运行状态。

五、扩大耦合产业链的内涵与外延

环北部湾地区耦合产业链未能实现完全意义上的对接，无论是在区域内部还是外界，耦合产业链的自动黏合效应不强，石化与物流耦合产业链的内涵与外延紧紧局限在一个狭小的范围里——环北部湾。耦合产业链的产品局限于传统意义上的石化产品的生产与加工，忽视了产品还应该在此基础上进行成本的优化和科技含量上的提升；石化与物流耦合产业链的外延也局限于传统石化产品及一些简单的石化衍生品，同质化的竞争现象严重，企业忽视了在传统石化产品的基础上高附加值产品的开发，技术投入力度有待加强。

第五节　小　结

高附加值的石化与物流耦合产业链研究，是一个涉及产业学、经济学、统计学和管理科学等多学科，具有难度大、可借鉴资料少的一个具有现代发展重要意义的创新型课题，同时也是一个适应当前培育、发展石化与物流耦合产业链的需要，有一定实用意义的应用型课题。报告从石化与物流耦合产业链的价值链、企业链、供需链和空间链四个角度出发，分析了环北部湾地区石化产业与物流产业之间的联系、耦合过程和机理及对区域经济的影响进行系统分析，同时对耦合产业链创造的高附加值来源途径进行了简要说明。以我国环北部湾地区的石化与物流耦合产业链做实证研究，搜集了大量统计数据，说明了石化与物流耦合产业链的可行性和优越性，其创造的高附加值的良好经济效益更加说明了研究的重要性。

第四章 基准约束下物流业与石化产业对区域经济增长影响效应研究

第一节 引 言

经济的持续增长是国家或地区长远追求目标之一，也是充分实现就业、维护社会稳定、增加社会福利的重要与关键保障。而保证经济增长平衡性是在追求经济增长之后，所要考虑的首要问题。

以我国的环北部湾经济带为例，广东省、广西壮族自治区、海南省自从改革开放以后，经济水平相较之前有了跨越式发展，但是由于一系列历史原因以及地理位置差异，政策与教育水平差距，造成了环北部湾三个地区之间经济水平与增长的不平衡。

为了我国环北部湾经济带区域经济的高质量增长，综合环北部湾各地经济发展的优劣势，地理区位，支柱产业等条件，在产业关联基准，可持续发展基准和竞争优势基准等三者约束条件下，以物流业与石化产业关联发展为例，构建物流业与石化产业对区域经济增长的空间溢出模型，用2000—2013年的环北部湾各地相关面板数据和空间计量经济学的研究方法，实证分析得出基准约束下物流业与石化产业对区域经济增长影响效应结论，并给出发展建议。

产业关联与经济发展之间的正向联系已经得到证实，物流交通、石化基础设施投资会对区域经济产生积极的乘数效应，交通基础设施可以通过集聚劳动力、经济、运输网络经济与环境等一系列相关条件促进区域经济的增长。最新的新经济地理模型也预测显示，扩散、集中和再扩散的模式会随着交通运输成本的下降而出现。Adelheld[78]分析指出，产业关联的改善加快推进了地理集中。董晓菲、韩增林、荣宏庆[79]等人认为，产业空间网络的快速发展，加速推进了交通经济带核心城市的建立与发展，并刺激推动了新经济增长点的快速增长。但是由于对相关交通经济带的研究大多都是描述性的，缺乏实证实例分析的证据。刘生龙、张学良[80]运用理论原理分析与实证实例分析结合互补的研究方法，得出相关结论：对于城市交通基础设施的投资，可以通过空间溢出效应，促进相关区域经济的增长。

第二节　基本模型

一、计量模型概述

运用相关数学知识建立一个包括多种变量因素的数学计量模型：$y=f(X_1, X_2)$，这里 y 表示的是各年度的我国环北部湾经济圈内各省、自治区的人均国内生产总值，X_1 表示环北部湾经济圈的新经济增长因素的向量，X_2 表示环北部湾经济圈的新经济地理因素的向量。X_1 向量包含物流业资本变量（log）与石化产业变量（pet）两个指标。通过这两个变量指标准确得出物流业与石化业对于环北部湾经济区区域经济增长的相关规律；之后再结合 X_2 向量：可持续发展基准变量（SD）、产业关联基准变量和竞争优势基准变量三个基准约束条件指标得出基准约束下物流业与石化产业对于区域经济增长影响效应结论。并以环北部湾经济区内各省、自治区人均国内生产总值（万元/人）Pergdp 作为衡量区域差距的指标。

二、构建计量模型空间面板 Durbin 模型

构建如下的计量模型—空间面板 Durbin 模型：

$$y = \alpha \ln + \rho Wy + \beta x_1 + \theta W x_2 + \varepsilon \qquad (4-1)$$

α 为常数项，$\ln$ 为 N 阶单位矩阵，N 为省份个数，ε 为误差项。W 为空间权重矩阵，Wy 与 Wx_2 是分别考虑了被解释变量与解释变量的空间依赖。值得注意的是，在空间计量模型的估计结果中，若 $\rho \neq 0$，则对 Wy 和 Wx_2 的回归系数 ρ 和 θ 以及 x_1 的回归系数 β 的解释与传统 OLS 回归系数的解释存在巨大的差异，上述回归系数并不可以直接用来衡量解释变量的空间溢出效应，这也是现有成果存在的主要问题。

三、空间回归模型的释义与空间溢出效应分解方法

为了对空间计量模型的回归系数进行合理解释，利用空间回归模型偏微分方法，首先将其模型改写为：

$$Sr(W) = (\ln - \rho W)y = \alpha \ln + \beta x_1 + \theta W x_2 + \varepsilon \qquad (4-2)$$

其中，$\ln$ 是 n 阶单位矩阵，$Sr(W)$ 衡量的是所属函数区域内的第 r 个解释变量，同时 $Sr(W)$ 也表示所属函数区域内的第 r 个解释变量对本函数区域内被解释变量的影响。在空间回归模型中，偏导数常常也并不为 0，而是取决于矩阵 $Sr(W)$ 内的元素。与此同时，偏导数也通常并不等于 βx_1，因此某个地区解释变量的变化不仅影响本地区的被解释变量，而且影响其他区域的被解释变量，前者可以称为直接效应（Direct Effect），后者称为间接效应（Indirect Effect）。

四、空间相关性检验

本书采用 Moran's I 指数空间相关性进行检验，Moran's I 指数[81] 如下：

$$\frac{n \sum\limits_{i=1}^{n} \sum\limits_{j=1}^{n} w_{ij} (x_i - \bar{x})(x_j - \bar{x})}{\sum\limits_{i=1}^{n} \sum\limits_{j=1}^{n} w_{ij} \sum\limits_{i=1}^{n} (x_i - \bar{x})^2} = \frac{\sum\limits_{i=1}^{n} \sum\limits_{j=1}^{n} w_{ij} (x_j - \bar{x})(x_i - \bar{x})}{S^2 \sum\limits_{i=1}^{n} \sum\limits_{j=1}^{n} w_{ij}} \qquad (4-3)$$

其中，w_{ij} 为空间权重矩阵元素，x_i 表示第 i 空间单元的观测值。

Moran's I 指数的取值范围为［-1，1］。同时应当注意若其取值范围大于 0 时表示存在空间正相关；小于 0 时表示空间负相关；若等于 0 则表示空间独立分布。Moran's I 指数的绝对值表征空间相关程度的大小，绝对值越大表明空间相关程度越大，反之则越小。通过 Moran's I 指数观测描绘，可以更加清晰直观地描绘局域的空间集聚的特征。

五、指标与数据

本书采用环北部湾经济区相关数据样本，样本的时间跨度为 2000—2013 年。在经验估计中，为了消除多重共线性问题，对所有相关变量取自然对数处理。由于《中国统计年鉴》（2000—2013）公布的各省城市人口比重参差不齐，且按照发展经济学的观点，城市化一般以人口迁移为载体，以农业生产向非农领域转变为标志。为了控制其他变量对经济增长的影响，本书选择了资本、政府支出、国有化程度，其中用劳均资本存量表示资本（Klp），政府支出用财政支出占地区生产总值的比重表示（Exp）。对于资本存量，本书借以 2000 年为基期，测算了 2000—2013 年各地区资本存量，并根据各省劳动力人数计算劳均资本存量。国有化程度采用国企员工占从业人员的比重来表示。

第三节 模型拓展

一、在三种基准约束下对计量模型的合理拓展

考虑三种基准约束下的空间计量模型为：

$$\ln y_{it} = a_0 + a_1 \ln(\log_{it}) + a_2 \ln(pet_{it}) + a_3 \ln(SD_{it}) + a_4 \ln(LE_{it}) + a_5 \ln(qm_{it})$$

$$(4-4)$$

上面的式子左边被解释变量为环北部湾广东、广西、海南人均 GDP，

右边包括 5 个解释变量，涵盖环北部湾三地物流业、石化产业发展基数、可持续发展，产业关联和竞争优势三者基准约束变量。时间为 2000—2013 年，变量分别取自然对数，方便经济计量模型的异方差性的消除，最后得到一个混合面板数据回归模型，固定效应的面板数据回归和随机效应面板数据回归估计结果。

二、对三种基准约束的变量设置说明

（一）可持续发展基准

可持续发展，或永续发展，在新古典经济学里，经济生产发展函数通常表示为：$Q = F(K, L)$ 其中，Q 表示产出，K 表示资本，L 表示劳动。这样的函数表示以现在的可持续发展观念看来就有一定的局限性：由于在过去通常采用的分析公式是 $Q = F(K, L)$。因此，也就忽略了自然资源，认为产出就是劳动和资本的函数，并没有考虑到没有后者是不可能产生经济增长的。由于上述限制，可持续发展经济学函数为：$Q = F(K, L, N; r)$，N 代表服务功能或效率的原始自然元素，r 则意味着自然元素的物理或物质原因。所以，它强调在生产过程中自然资源的重要性，同时也强调了自然资源和传统元素之间的不可替代性。在本书中，经济的可持续发展是以可持续发展的经济学基础，表示为：$Q = F(K, L, N; r)$。

（二）产业关联基准

产业关联是指在经济活动中，各产业之间存在的广泛的、复杂的和密切的技术经济联系。而产业关联方式是指产业部门间发生联系的依托或基础，以及产业间相互依存的不同类型。本书引用地方化经济 LE 来表示产业关联基准，地方化经济是指在一定区域，企业能从本地与该企业相互关联的企业经济活动中受益，进而形成产业关联经济链，促进该产业在这个地区的增长。

以简单的函数表达为：

$$LE = \frac{g/Y}{\sum g / \sum Y} \tag{4-5}$$

g 表示目标省份在该年度内总的工业增加值，$\sum g$ 表示环北部湾地区该年度内总的工业增加值的总和。Y 表示目标省份在该年度的 GDP，$\sum Y$ 表示环北部湾地区该年度内 GDP 的总和。LE 指数值越大，表明一个产业的产业关联程度越高。

（三）竞争优势基准

竞争优势主要体现在产业的价值链优势方面，企业通过调整其价值链创造竞争优势，通过开发利用服务于不同细分市场、产业或地理区域价值链之间的相互关系来增强竞争优势。我们采用比较简单的数学方法将竞争优势数字化，假设价值链上获得竞争优势的概率为 p，失去概率为 q，且 $p+q=1$。并假设该竞争优势都有机会能够被 m 个企业获得，根据假设，m 个企业都独立获得了该优势，企业就会在该优势的基础上对企业自身的生产、销售及售后精心调整。这样，优势在价值链传递过程中获得了 m 次纠正，所以其概率为 qm。

第四节　模型估计与仿真

一、空间相关性检验

首先进行空间权重矩阵的设置。本书一共引用了三种矩阵，分别是空间权重矩阵、地理距离权重矩阵和经济空间权重矩阵。其中，邻接空间权重矩阵（用 W_1 表示）的元素 w_{ij} 在空间单元 i 和 j 相邻时取值为 1；若不相邻则取值为 0。地理距离权重矩阵（用 W_2 表示）采用地理距离平方的倒数来构造，地理距离以省会城市之间的球面距离测量。对于经济空间权重矩阵（用 W_3 表示），选择地区间人均实际地区生产总值的差额作为测度地区间"经济距离"的指标，$W_3=W_2 \times E$。其中，W_2 是地理距离权重矩阵，E 是描述地区间差异性的一个矩阵，其矩阵元素用样本考察期内各省人均地区生产总值均值之差绝对值的倒数表示[82]。

在三种基准空间权重矩阵下，本书采用 Moran's I 指数，对环北部湾地区人均实际地区生产总值（PGDP）的全局空间相关性进行检验，表 4-1 报告了检验结果。

表 4-1 被解释变量（PGdp）的 Moran'sI 指数

年份	邻接空间权重（W_1）			地理距离权重（W_2）			经济空间权重（W_3）		
	I	z	p	I	z	p	I	z	p
2000	0.390	3.924	0.000	0.304	4.047	0.000	0.503	4.296	0.000
2001	0.417	4.039	0.000	0.328	4.193	0.000	0.550	4.523	0.000
2002	0.426	4.080	0.000	0.338	4.267	0.000	0.569	4.622	0.000
2003	0.435	4.127	0.000	0.347	4.333	0.000	0.587	4.719	0.000
2004	0.442	4.151	0.000	0.356	4.400	0.000	0.603	4.802	0.000
2005	0.448	4.158	0.000	0.364	4.441	0.000	0.622	4.888	0.000
2006	0.454	4.174	0.000	0.369	4.456	0.000	0.634	4.942	0.000
2007	0.456	4.175	0.000	0.372	4.471	0.000	0.643	4.980	0.000
2008	0.459	4.158	0.000	0.375	4.463	0.000	0.656	5.030	0.000
2009	0.458	4.121	0.000	0.376	4.438	0.000	0.668	5.075	0.000
2010	0.450	4.035	0.000	0.365	4.299	0.000	0.656	4.967	0.000
2011	0.432	3.877	0.000	0.347	4.102	0.000	0.632	4.788	0.000
2012	0.478	3.990	0.000	0.358	4.320	0.000	0.645	4.699	0.000
2013	0.468	4.120	0.000	0.367	4.409	0.000	0.623	4.789	0.000

由以上结果可以发现：第一，无论是在邻接空间权重、地理距离权重还是经济空间权重下，Moran's I 指数均显著为正，这表明环北部湾三地的经济增长存在显著的正向空间依赖性。第二，从 Moran's I 指数的演变趋势来看，在三种空间权重下，以 2009 年为转折点，在 2009 年之前 Moran's I 指数均呈上升趋势，之后则表现出一定的下降趋势。这说明整体上各地区经济增长的空间依赖性逐渐增强，而近年来这种依赖性有减弱的趋势。第三，Moran's I 指数在经济空间权重下最大，邻接空间权重下次之，地理距离权重下最小。这说明地理距离在一定程度上缩小了各地区间的正向空间依赖性，而经济因素则助长了这种空间依赖性。

二、经典计量模型经验估计结果与仿真

估计结论的时间跨度从 2000—2013 年，各相关变量均取了自然对数，便于消除模型中的异方差，最后得到固定效应面板数据回归、随即效应面板数据回归和混合面板数据回归的估计结果。

表 4-2 混合型、固定效应和随机效应面板数据模型的估计结果

变量	混合型	固定效应	随机效应	检验结果
物流业资本 变量 log	0.0341 (0.9506)	0.2349*** (3.2194)	0.072 (1.5998)	截面固定效应模型下的 F 检验 F(16, 44)＝16.89，大于 1％显著性水平的临界值，表明应该选取空间固定效应模型。
石化业变量 pet	0.1225*** (3.3998)	0.0451* (1.8915)	0.0847*** (3.4154)	
可持续发展基准 变量 SD	0.0812 (1.3316)	0.0675* (1.9956)	0.1846*** (5.2847)	
竞争优势基准 变量	0.0769 (0.6455)	0.7898 (2.2454)	0.5491*** (4.1954)	
产业聚集变量	−0.0007 (−0.0809)	0.0508** (2.6038)	0.0087 (0.6558)	

注：***表示 1％显著性水平，**表示 5％显著性水平，*表示 10％显著性水平。

三、空间面板数据模型经验估计结果与仿真

（一）对空间 Durbin 模型进行固定效应和随机效应回归

空间计量模型一般包括空间滞后模型、空间误差模型和空间 Durbin 模型三种。本书在三种空间权重下分别对这三种模型进行固定效应和随机效应回归。为了确保计量结果的稳健性，需要根据相关原则遴选出较优的估计模型。采取三个步骤进行回归模型的遴选。第一步，根据赤池信息量准则（AIC），在固定效应与随机效应之间进行选择，AIC 值越小则模型的解释能力就越强。第二步，对比每一模型的值并依此评价模型的拟合优度，它们的值越大说明模型的拟合优度更高。第三步，空间 Durbin 模型测试其能力是否可以转化为空间滞后模型和空间误差模型，如果测试结果清楚地显示拒绝可以转化的原假设，那么选择 Durbin 模型。

表 4-3　三种空间权重下的空间 Durbin 模型估计结果

系数	邻接空间权重		地理距离权重		经济空间权重	
	固定效应	随机效应	固定效应	随机效应	固定效应	随机效应
物流业资本变量 log	0.6612*** (21.58)	0.6495*** (20.53)	0.7306*** (20.46)	0.7235*** (19.75)	0.6623*** (21.14)	0.6607*** (20.79)
石化业变量 pet	0.0878*** (5.44)	0.0999*** (5.89)	0.0771*** (5.08)	0.0881*** (5.58)	0.0664*** (4.21)	0.0837*** (5.10)
可持续发展基准变量 SD	0.1385*** (3.01)	0.1877*** (3.98)	0.1487*** (3.33)	0.1904*** (4.17)	0.0259 (0.53)	0.0921* (1.88)
竞争优势基准变量	0.1061*** (3.45)	0.1159*** (3.68)	0.0154 (0.35)	0.0207 (4.6)	0.1875*** (4.58)	0.2000*** (4.90)
产业聚集变量	−0.0726* (−1.77)	−0.0787* (−1.90)	−0.1161*** (−2.92)	−0.1206*** (−2.99)	−0.2062*** (−4.60)	−0.1895*** (−4.34)

注:***表示 1%显著性水平,**表示 5%显著性水平,*表示 10%显著性水平。

按照上述步骤,在三种空间权重下进行了固定效应和随机效应回归,表 4-3 报告了检验结果。根据模型遴选原则,在三种空间权重矩阵下均选择了 Durbin 模型,并将其作为最终的解释模型,进行空间溢出效应分解。

(二)物流业与石化产业对区域经济增长的结论

基准约束物流业与石化产业对区域经济增长的空间溢出效应。首先是物流业对经济增长的区域内溢出效应。根据空间溢出效应分解结果,在地理距离权重下,物流业对区域内的溢出效应最大,为 0.1487,且通过了 1%的显著性水平检验。在邻接空间权重下,石化产业的区域内溢出效应为 0.1387,通过了 5%的显著性水平检验。而在经济空间权重下,可持续发展基准的区域内溢出效应极小,且在统计上不显著。这说明环北部湾石化产业的发展水平对于环北部湾的经济发展水平具有促进作用,而且这种作用在考虑了距离因素后,对地区内的影响最大。其次是物流业对经济增长的区域间溢出效应。根据空间溢出效应分解结果,在邻接空间权重和地理距离权重下,产业关联基准的区域间溢出效应很小,为负,且在统计上不显著。而在经济空间权重下,竞争优势基准的区域间溢出效应较大,为正,但在统计上不显著。这说明在邻接空间关联和地理距离关联模式下,环北部湾的可持续发展会对其他地区的经济增长产生抑制作用。最后是物流业与石化产业对经济增长空间溢出的总效应。根据空间溢出效应分解结果，在三种空间权重下，物流业与石化产业对经济增长空间溢出的总效应为正。另外，三种空间权重下总效应大小关系与前 Moran's I 指数的大小关系相同。说明地理距离因素减弱了物流业与石化产业对经济增长的空间溢出效应，而经济因素则强化了物流业与石化产业对经济增长的空间溢出效应。

四、估计仿真结果与说明

本章利用 2000—2013 年的环北部湾经济区的相关面板数据，综合考虑了三种空间关联模式，并构建空间动态面板数据模型，运用空间回归模型偏微分方法实例实证测度了在基准约束下物流业与石化产业对区域经济增长的空间溢出效应。研究结论如下：

在不同的空间关联模式下，环北部湾的区域经济增长具有显著的空间依赖性和空间异质性。具体为广东省的具体区位靠近我国南海石油通道，其石化产业极其依赖该条石油命脉，且广东省具有庞大的石油化工市场容量、较为完善的港口码头设施、发达的交通运输体系、坚实的产业基础和良好的商业环境构筑了石油化学工业发展的巨大区位优势，有显著的空间依赖性，而位于环北湾内侧的海南省与广西壮族自治区地理位置相对偏僻，属于我国南海石油通道的支线，且石油市场需求量较小，市场不完善，没有相对于广东省的巨大区位优势，在环北部湾内部表现为空间异质性。

在控制了其他控制变量之后，物流业与石化产业对环北部湾经济发展的区域内溢出效应为正；其区域间溢出效应只有在经济空间权重的关联模式下才为正。总体上，物流业与石化产业对经济发展具有正向的溢出效应。这也就说明了物流与石化产业在总体上对环北部湾经济区的区域经济具有促进作用，而在各地区之间只有在石油与物流贸易及其相关的经济活动时才能产生作用，单独省内的相关经济活动不会产生对环北部湾经济区的关联经济促进作用。环北部湾东、中、西部地区物流业与石化产业投资规模以及经济实力差距很大，在空间上分布很不平衡，形成了一个从东往西逐渐递减的梯度，而基础设施建设有利于生产要素向经济发达地区聚集，经济带的经济增长、产业发展也表现出了空间积聚的特征，但是环北湾经济区内除广东省以外的广西省、海南省基础设施的总体规模偏小，所以在相当长一段时间内，物流业与石化产业的基础设施投入对环北部湾经济区的经济增长仍然是一个重要刺激因素。

资本对经济增长具有正向的溢出效应，产业关联对经济增长表现为负向的区域间溢出效应及正向的区域间溢出效应，总效应为正；可持续发展程度对地区内经济增长的溢出为正，对区域间的溢出为负，总效应为负。其现实意义为投资活动对与环北部湾的区域经济增长具有促进作用，物流与石化产业的产业关联聚集促进了环北部湾区域经济的增长，而在可持续发展的基准约束下，物流业与石化产业对于环北部湾总体经济有正面作用。由于石化产业的特殊性，对广西壮族自治区、海南省经济的初始阶段发展具有抑制作用。应坚持推进产业集聚发展，实现生态可持续的理念，制定经济与可持续发展兼顾的政策，扶持与发展物流业与石化产业，通过环北部湾区域内的政府环境补偿机制实现环北部湾的生态可持续和区域协调发展。

第五节　小　结

物流业与石化产业的结合对于环北部湾经济区的区域经济具有促进作用，产业关联聚集弹性较大，环北部湾经济带经过各地产业集中的城市，物流与石化产业的产业关联使得这两个产业相互促进、相互发展，通过产业聚集提升了其竞争优势，使物流与石化产业得到稳步健康发展。因此，一定要重视产业关联对经济发展的促进作用，努力提高产业关联对生产效率的推动作用。物流与石化产业的产业关联聚集促进了环北部湾区域经济的增长，但在环北部湾经济区上存在明显的东强西弱的空间差异。

此外，区域差距对经济增长具有正面作用，该环北部湾经济区上存在的经济绝对差异和相对差异能够促进该经济区的发展，而在可持续发展的基准约束下，物流业与石化产业来说对于环北部湾总体经济有正面作用，但在一定时间内，由于石化产业的特殊性，对于环北部湾区域经济，特别是广西壮族自治区、海南省经济的发展在一定时间段，特别是初始阶段内具有抑制作用。不能因为暂时的经济发展的抑制作用，而放弃可持续发展，坚决不能走"先污染，后治理"的老路。

与可持续发展基准不同，在竞争优势基准下物流业与石化产业对环北部湾经济区域中广东省的影响较大，由于广东省的经济、物流业、石化产业的实力在环北部湾经济区域中都在第一位，省内竞争激烈，产业升级快，具有完善的产业链，技术与人才都处于高度领先地位。广东省应开放相关物流业与石化产业的下游技术，向更先进的上游靠拢，在物流业通过大力发展省内重点产业如机械制造业、精密电子工业、信息通信业、互联网络等行业来引领带动新一轮物流基础设施、技术更新换代、技术创新投资等一系列发展。在石化产业，要在"绿色环保"理念的引导下建设石化基地，推动产业聚集发展，实现在生态环境上的可持续发展，各个相关产业上的一体化运行，从而实现石化产业经济的再循环。

总体来说，物流业与石化产业对于环北部湾区域经济发展具有促进作用，在不同的基准约束下，对经济区内不同省份的促进作用不同。

一、政策上的建议

应坚持推进产业集聚发展，实现生态可持续的理念，制定经济与可持续发展兼顾的政策，扶持与发展物流业与石化产业。通过环北部湾区域内的政府环境补偿机制实现环北部湾的生态可持续和区域协调发展，并加大对石油化工重点产业企业的扶持力度。重点支持主导产品市场占有率高、品牌影响力大、产业带动力强的石油化工重点产业骨干企业快速发展，在项目审批立项、土地使用、环评审批、国家及省级资金补助等方面给予重点支持和优先安排。对符合条件的石油化工重点产业企业，认定为高新技术企业的，应给予一定税收优惠。有关部门要强化服务意识，简化办事程序，开辟绿色通道，积极帮助石油化工重点产业相关企业解决建设、生产、经营中的困难和问题，为石油化工重点产业加快发展创造良好的政策环境，各有关部门要加强与国家相关部委的衔接。

二、投资环境上的建议

在对环北部湾经济区内广东、广西、海南的投资环境进行分析评估的基础上，提出各自在物流与石化产业投资环境方面具有的自身独特的比较优势，并结合相关优势抓住能给本地区带来最大经济效益的物流与石化产业有关领域重点进行优化改革。

综合环北部湾实际情况，总的来看，为了进一步改善经济区内的投资环境，促进区域经济健康、快速、持续发展，应加快改善基础设施建设，缩小经济区内东西部的差距，平衡各地区的经济发展，特别是广东省与海南省、广西壮族自治区之间物流业与石化产业的差距。因为基础设施是区域招商引资的重要物质基础，特别是交通运输、邮电通信、供电设施等相关基础系统；这些基础设施更是现代经济发展与发展外向型经济、吸引外商投资的必要条件。因此国家要继续加大对环北部湾区域内广西壮族自治区、海南省的经济扶持力度，保障这些区域的基础设施建设。

三、产业耦合上的建议

物流业与石化产业耦合实质上是产业融合与产业联合的一种继承和拓展，因为产业耦合在不同情况下的应用实例实际上可以分为产业联合与产业融合两种情况。运用耦合理论来阐释当前环北部湾物流业与石化产业经济，原因是产业耦合是一种更为高效、更为全面的高级产业发展模式，具有发展成本更低、发展机制灵活、产业结构合理三大优势，适应环北部湾当前物流与石化产业结构调整和转型升级的需要。由此可以看出，应加强环北部湾区域内物流业与石化产业的产业融合度，注重对生产要素、产品市场、技术信息的相关性进行互动，耦合产业间的关系不再局限于上下游串联关系，而是不同产业之间相关技术、知识上的资源共享与相互融合，在新产品研发、生产要素、商业情报、市场、技术创新等全方位多领域的合作利用与交互影响。

第五章 环北部湾石化产业差异化布局与物流业协调发展研究

国家主席习近平对"一路一带"倡议高度重视，这让本就处于中国—东盟自贸区建设中的环北部湾地区，受到了高度关注。国家不断发布优惠政策，对该地区进行大量投资，但从过去几年的发展成效来看，产业布局在环北部湾区域内部还不算合理，技术密集型和资金密集型的产业占比较少，产业的组织结构水平比较低，第一产业中的种植业、畜牧业，第二产业中的食品、制造业、水产品加工、纺织业以外，其他行业还处于落后阶段。广西、海南、广东现在利用开发的石化资源，虽然能支持环北部湾各地区经济基本的发展，但希望在这片土地上建立有影响力的企业和成为未来中国重要经济区的话，需要对环北部湾石化产业与物流业现有的布局，地区产业之间的联动进行更细致的研究。

"中国—东盟自由贸易区"框架不断完善，广西率先得到国家批准实施《广西北部湾经济区发展规划》，这代表物流业在广西的发展被清晰定位，海南政府也相应做出了《海南省现代物流业发展规划》，对未来二十年的海南物流发展充满信心。物流产业是一个拥有综合性和基础性特点的产业，行业业务渗透到很多其他纵向行业，也几乎宽泛到国民经济的所有领域。随着社会分工细化，会促使物流产业的形成和发展，因为紧张的市场竞争要求企业集中精力去提高产业的核心竞争力，引起不构成核心竞争力的部分脱离、外包。变幻莫测的市场和快速更新的产品要求企业提高反应速度，降低成本。为了面对市场的变化多端和越发激烈的竞争，物流专业化、集约化在企业内部的需求越来越高，引发了物流业的崛起。

本章在现有区域产业建设研究的基础上，进一步分析环北部湾石化与物流产业建设。对当前形势、政策下的环北部湾经济提出新的发展思路、原则与建议。通过模型的构建，更能清晰展现环北部湾区域产业协调发展，影响石化与物流发展的因素，并根据问题做出解答。产业联动机制将发挥巨大作用，带动区域其他产业，如旅游业、服务业、制造业的快速崛起。这有助于环北部湾地区经济地位的迅速提升，成为继长江三角洲、环渤海地区、珠江三角洲后的第四大经济特区，对社会的繁荣稳定，中西部地区的人员发展具有较大的意义。

第一节　环北部湾石化产业差异化布局

一、环北部湾区域经济发展理念

经济发展是一个连续能动的过程，石化产业作为国民经济的一个重要支柱，对经济发展贡献率大，而环北部湾地区石化产业又相对比较苍白。物流业是第三产业服务行业中有特色的，具有突出的创新和发展能力，促进整个社会经济发展。因此，在环北部湾地区本书优先选择石化与物流业作为研究对象，通过这两种产业的扩张引发对其他关联产业的引致投资，发展效率高、增长稳定。同时，政府制定相应的平衡政策，推进各区域产业协调发展。使区域产业建设从闭门造车、独自发展，变成彼此联系、协同发展，从整体上提高资源配置的效率，让区域经济发展差距，随着新经济发展模式逐渐减少，直至最终平衡。

表 5-1　环北部湾地区 2013 年对各行业的固定资产投资　（单位：亿元）

产业 地区	全社会固定 资产投资	制造业全社会 固定资产投资	交通运输，仓 储和邮政业全 社会固定资产 投资	房地产业全 社会固定资产 投资	能源工业投资
广东	22308.39	5622.78	2444.35	8180.01	1147.46
广西	11907.67	3890.05	1121.22	2450.9	559.81
海南	2697.93	225.19	278.68	1405.26	127.47
合计	36913.99	9738.02	3844.25	12036.17	1834.74

由表 5-1 可以看出，能源工业投资在社会固定资产投资中所占的比例是比较少的，而经济相对落后的海南在这方面的投资更是少之又少，物流行业的交通运输，仓储基础设施投资相对较多。

二、区域分工、合作与协调

科学可行的方案有利于各省市在区域内因产业联动的跨区域协调机制研究而形成具有一方特色且有独特竞争优势的产业结构体系，促进产业联动发展，实现区域经济的和谐稳定。以环渤海经济区为例，在各个地区形成了具有一方特色的支柱产业。

环渤海地区各城市依据各自的特性，充分利用渤海的海洋资源形成了现代制造业、石化生产、钢铁制造、盐化工、原油加工基地，通过地区之间的协调分工，锦州由于国防布局的优势设立了国家级石油储备区，因为山东东营交通便捷的优势，石油储备制造分布在此，而大多的技术研发产业则分布在拥有人才，政策优势离首都更近的滨海新区。

根据环渤海地区发展成功的先例来看，可以对环北部湾地区做出大胆的规划猜想。南海海洋资源是环北部湾地区重要的合作要素，广西北海，防城港和广东湛江、茂名通过沿海港口城市建设，可发展大型石油炼化产业。天然的水路物流，将石化产业转移内陆，依靠强大的物流体系，与内陆人才，劳动力的优势，南宁、柳州、钦州发展精细化工，生物化工，进行跨区域产业合作,分工细致。而海南根据地理位置发挥丰富的天然气与乙烯资源的优势,交通便利,发展石化物流。

环渤海地区产业结构如下:

曹妃甸:国家级循环经济示范区,重点发展现代物流、钢铁、石化、装备制造、海洋化工和现代服务业。

滨海新区:现代制造业和研发转化基地,重化工产业和港口综合体,重点发展石化、冶金装备、港口物流。

渤海新区:京津冀都市圈重要重化工基地,环渤海地区重要制造业基地。

滨州北海新区:国家级循环经济示范区,盐化工基地。

东营:原油加工基地,重要石油装备制造业基地,我国最大新闻纸生产基地。

锦州:国家级石油储备基地,辽西最大造船基地。

葫芦岛市:石化为主导,包括船舶制造、有色冶金产业群。

营口产业沿海基地:重点发展石化、钢铁装备制造。

长兴岛:现化装备制造业、石化、建材、物流储运基地。

烟台:石油化工基地,海洋化工基地,全国重要钢材生产基地。

廊坊:全国循环经济区,造纸业,回收基地。

南海海洋资源要素在规范且有效率的经营环境、完善且先进的制度体系能够保障高效使用和升级,这为石化产业在区域之间展开竞争与合作提供保障。石化产业作为一个投资大,具有影响力的产业。在环北部湾进行合理有效的投资建设,将会带动区域其他产业的兴起,进而带动整个区域间的合作贸易。

三、石化产业与物流业的关联

物流产业的飞速发展,降低了石化企业之间的交易费用,石化企业之间相互信任增加,降低了企业之间意外事件的费用,物流产业明确了区域经济发展分工，产业链上节点企业配合更加默契，提高了产业的运行效率。高效率的物流网络进一步整合有效资源，推动区域经济发展。

环北部湾在新的政策下大力投资建设石化，必将引起周边产业的迅速崛起。物流产业自身具有高度专业化与巨大的规模化的特征，决定了与石化产业之间具有更强的关联性。物流产业能够为区域经济的发展带来更大的保障，提高该区域中企业的竞争力。当石化企业的发展规模不断壮大的时候，就需要物流产业也随之壮大，满足石化发展对石化物流的需求。

第二节　环北部湾石化产业差异化布局实施问题

一、空间布局

南海丰富的油气资源，环北部湾沿岸城市的地理位置决定了原料和成品进出运输距离短，成本低的优势，是大型炼油基地的第一建设选址。伴随广西钦州石化产业园区炼油项目不断增大，北海石化产业园中石化异地改造项目投产和积极推进，千万吨炼油一体化项目及中石化 LNG 项目的落地实施，广西沿海石化产业基地的核心项目布局初显规模，产业集群初步形成。

随着广东在湛江、茂名、惠州等地多个石化园区的建设落成，惠州已经形成了 3100 万吨炼油，300 万吨乙烯规模，实现产值 2200 亿元。依托广东省强大的经济实力，投入较多的资金，在广东沿海地区已经形成了石化产业经济带，发展较为稳定。但沿海石化园区道路布局为方格网状，划分过于规整的地块限制了企业的落地实施，迫使企业跨区域布局，同时在实施中经常调整规划。从长期布局来看，产业结构仍有待调整。

海南省将石化产业的发展规划布局在洋浦经济开发区和东方工业园区，这两个经济区在空间布局上远离海南较发达的城市，在海边布局石化项目是看中港口城市方便原料和产品的运输配送，依靠腹地，但在海南可供石化企业使用的业主岸线受到一定限制。沿海石化产业发展缺乏铺垫，产业联动发展过程也存在一些瑕疵，导致一段时间的发展效果不是很明显。

从环北部湾的石化产业布局来看，各地区主要将大型炼油园区，精细化工等企业都集中设置在沿海城市，充分利用交通便捷优势，这也导致了石化产业多分布于一小块区域，不利于带动其他城市的发展，地方环境承受较大压力，产业混杂的发展不利于石化产业分工细化。环北部湾石油化工产业链面临严峻挑战。

二、资源分配

环北部湾地区丰富的石化资源集中于南海，中国石化、中国石油在进入环北部湾地区后，开启争抢资源的模式，在广东、广西、海南都各自设立了分公司，但彼此间缺少合作。各方寻求合作可以分摊风险，特别是在寻求当地石油公司的合作非常关键，可以增强资源供应的稳定性。可以争取中海油来海南，广西布局炼化重化工项目。

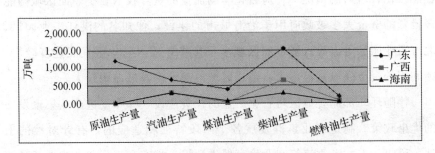

图 5-1　环北部湾主要能源生产量

由图 5-1 可见，环北部湾地区的主要资源生产分布在广东省，而广西、海南在南海边缘，在各石化资源产量上少于广东，这和湛江政府优先规划发展石化产业，基础设施相对完善的港口城市起到的作用密不可分，同时也表明广西、海南在资源的开采利用上还有待加强。现阶段，广东在环北部湾地区占有先期快速发展优势，而广西、海南利用靠近海洋资源的后发优势，将会改变该区域资源分布格局。

三、资金分配

为了更清晰地看出环北部湾地区产业的资金分配情况，查询了几个主要产业在 2013 年的投资，如表 5-2 所示。

表 5-2   环北部湾地区主要产业固定投资表

产业 \ 地区	广东	广西	海南
房地产业固定资产投资（亿元）	8180.01	2450.9	1405.26
交通运输，仓储和邮政业固定资产投资（亿元）	2444.35	1121.22	278.68
制造业固定资产投资（亿元）	5622.78	3890.05	225.21
能源工业投资（亿元）	1147.46	559.81	127.47

环北部湾地区每年对城市的基础设施（房地产，道路交通）投资建设分配很大比例资金，对短期成效明显的制造业投入资金较多，对能源工业的投资相对较少。广东省对石化与物流的资金投入较大，广西和海南在以往经济比较落后的情况下，对石化与物流业的资金投入较少。而区域内能源投资的资金大多被政府用于沿海城市的建设，像知名的湛江工业园区、北海工业园区等。投入资金的区域不平衡将导致内陆地区发展速度较慢，能利用的资金建设规模不大，造成区域内部经济发展差距较大。

伴随环北部湾各地区对石化产业的投资建设，颁布促进产业集聚发展的优惠政策。制定产业集群发展各个阶段特征相适应的，有针对性的土地、税收、人才、物流等产业培育促进政策，将有利于环北部湾地区吸纳外来资金的投入。但众多中小型企业的涌入将带来资金实力不够，产业联动发展并不像预期的那样完美，更有小型企业进入该地区由于资金不足导致停产的现象屡见不鲜。广西、海南地区的小企业并不足以与外资大企业抗衡，导致企业分布零零散散，没有规模。同时，充分考虑到石化产业大规模建设对物流、餐饮以及其他服务业配套的要求。前期广东石化产业快速发展带来的环境问题，导致部分石化产业向广西、海南转移，这也意味着资金也将向这两个地区转入，但广西与海南在园区铁路、高速公路、液体专用化工码头建设上的投入资金还不够，未能有效整合周边原料资源和产品市场，满足外来项目的建设。

解决了环北部湾石化产业的空间布局，资源分配与资金分配的问题之后，结合当地物流实情整理出在环北部湾地区的产业分布，具体如下：

南宁：国家重点规划城市，环北部湾地区现代物流中心，氯碱化工、精细化工产业园区，生物化工。

钦州：现代物流中心，大型炼化一体化石化综合产业园区，重点是汽油、煤油、柴油的生产。

防城港：致力打造国际物流中心，集装箱、货物中转站，石化脱硫技术、海洋化工基地。

北海：现代物流港口城市，石化综合产业园区，临海工业区。

东方：工业化工园区，重点发展精细化工、液化气、丙烯、燃料油、物流节点。

柳州：新兴物流城市，重点发展仓储业、化工新型材料及后加工产业园区，钢铁，汽车。

茂名、湛江：环北部湾地区的石化产业物流基地，东盟地区的石化下游产品供应中心，生产集散中心，广东省的循环经济示范区。

海口：国际物流与区域物流结合的物流中心，石油天然气化工，林浆纸一体化，汽车及配件，制药，矿产资源加工，农副产品加工，新能源材料等新型工业。

第三节　差异化布局下的 Boarnet 模型

一、基本模型

（一）模型理论

随着社会发展，经济现象日趋复杂。单纯应用横截面数据或时间序列数据进行研究存在一定的不足，面板数据能够很好地弥补其中无法观测到的因素所带来的影响，动态面板数据模型则能更好地研究动态行为的复杂问题。

（二）数学建模

本章主要研究石化产业与物流业协调发展问题，采用环北部湾各地区石油加工及炼焦业投资和石油和天然气开采业投资作为石化产业投入指标，仓储业、交通运输以及邮政业固定投资为物流业发展指标，采用了2005—2013年中国统计年鉴各地区年度数据。

建立如下动态面板数据模型：

$$LnA_{it} = \alpha_0 + \rho_1 LnA_{it}-1 + \rho_2 LnA_{it}-2 + \alpha_1 LnB_{it} + \alpha_2 (LnB_{it})^2$$
$$+ \alpha_3 C_{it} + \beta X_{it} + \mu_i + \varepsilon_{it}$$

模型中的下标 i 代表 3 个不同的省市，t 表示年度，A_{it} 指代第 i 个省第 t 年的物流产业投入，A_{it-1} 表示物流产业投入资金的一期滞后项，A_{it-2} 表示物流产业投入资金的二期滞后项；B_{it} 表示第 i 个省市第 t 年的人均收入；C_{it} 代表第 i 个省市第 t 年的投资财政强度；X_{it} 指代其他控制变量，包括产业结构、能源结构、产业结构升级、贸易开放度、人口密度和经济活动强度等；μ_i 代表各个省份不可观测的个体差异；ε_{it} 为随机误差项。在控制其他因素的基础上，本章着重考察石化产业投入对物流产业的影响。

数据横截面个体数量大而时序不长，属于短面板数据。对于这类数据进行动态面板模型估计时，其参数的普通最小二乘估计量是不一致的，称之为"动态面板偏差"。为确保估计量的无偏性和一致性，研究基于短面板数据进行估计，采用了系统 GMM 估计法对动态面板模型进行估计，并选择合适的滞后期作为工具变量，以解决可能存在的变量内生性问题。

（三）数据检验

本部分估计基于 Stata12 软件平台完成。运用了以下步骤对上述模型构建分类和估计：第一步，对动态面板模型进行适当修改使其解释变量部分仅包括物流产业投资的滞后一、二阶项，石化产业经济增长的一次、二次项以及财政投资变量，将修正后的模型记为模型 I；对模型 I 通过引入产业结构升级变量进行拓展，记拓展后的模型为模型Ⅱ；对模型Ⅱ通过引入人口密度进行拓展，记拓展后的模型为模型Ⅲ；最后采用系统 GMM 两步估计法分别对上述模型Ⅰ—Ⅲ进行估计。

表 5-3　环北部湾地区 2005－2013 年石化产业与物流投入及人均年收入数据

年份	石化产业投入（亿元）			物流业增加值（亿元）			人均年收入（元）		
	广东	广西	海南	广东	广西	海南	广东	广西	海南
2005	81.86	2.75	62.65	1030.931	213.99	61.87	10470.2	6258.55	5837.1
2006	122.82	9.86	39.08	1208.82	235.72	70.38	11402.7	6697.4	6668.6
2007	147.94	26.79	4.02	1418.57	266.70	76.83	12621.45	8203.35	7791.75
2008	176.31	78.13	0.62	1634.45	337.70	82.59	14039.15	9541.75	8994.3
2009	117.66	49.9	8.59	1595.34	378.75	88.68	15511.7	10506.65	9826.85
2010	67.7	64.9	2.4	1825.29	480.17	101.90	17393.6	11642.8	11102.5
2011	106.37	72.63	12.56	2090.36	588.20	118.93	19795.25	13038.7	13270.1
2012	144.87	56.3	32.31	2367.46	625.57	133.40	22293.6	14608.45	15108.95
2013	232.97	87.05	36.98	2450.51	677.77	148.35	24086.6	15909.8	16631.25

表 5-4　软件输出结果

解释变量	被解释变量		
	模型Ⅰ	模型Ⅱ	模型Ⅲ
LnA_{it-1}	0.969***	0.223***	0.365***
	(0.0198)	(0.007)	(0.008)
LnA_{it-2}	0.285***	0.865***	0.743***
	(0.025)	(0.021)	(0.028)
B_{it}	0.067*	0.2409	−0.203
	(0.349)	(0.558)	(0.565)
$(LnB_{it})^2$	−0.024	−0.005	0.017
	(0.019)	(0.028)	(0.028)
C_{it} 财政投资强度	−19.312***	−21.201***	−32.231***
	(3.567)	(5.368)	(5.372)
Indstr 产业结构		−0.591***	−0.124
		(0.126)	(0.225)
Lnpopden 人口密度			0.578***
			(0.064)
常数项	1.627	3.775	2.71
	(1.685)	(2.913)	(0.007)
AR（1）	0.021	0.026	0.023
AR（2）	0.712	0.168	0.521

注：***、**、* 分别表示在1%、5%、10%的统计水平上显著，LLC 单位根检验未通过的变量不计入模型估计。

二、因素分析

相关变量说明：人均收入 B_{it}，以人均地区生产总值指代经济增长展开分析。同时引入人均地区生产总值的二次项以便验证环境库兹涅茨曲线在我国是否存在，如果存在，则一次项系数为正，二次项系数为负。财政强度 C_{it}，本书用各省石化产业投资完成额除以各省工业总产值表示，由于城市一般无法完成投资额，预期其系数符号为负。产业结构 indstr，本书用地区第二产业产值占本地区生产总值的比值表示产业结构，模型中该变量的系数符号为正。人口密度 lnpopden，该指标用地区年末常住人口与本地区面积（万平方千米）的比值衡量，由于人口增多，预期该变量所对应的系数符号为正。

环北部湾地区的区域经济合作处于前期起步阶段，工业基础和基础设施薄弱，区域合作还缺乏足够的经济支持。为了解决资金短缺问题，政府需加大财政力度，同时在区域合作经济层面给予适度的税收减免或优惠。结合地方实情，合理借鉴西方国家设立区域基金会的做法，拓宽融资渠道，解决资金不足困境，强化区域间政府合作的经济基础，推动区域经济一体化发展。工业 4.0 概念股的发售，很好地为环北部湾吸纳外来资金。

由于城市侧重点不同，各地投资能源也是不同的，但在自然资源相对丰富的环北部湾，从表中可以看出，石化产业投资强度除广东省能和其他城市相比，广西和海南都投入较少，需要后期加大投资。而物流业三省则比较平均，占比较少，需要更大力度的投资。

表 5-5　主要城市石化投资强度　　　　　　（单位：亿元）

	能源投资	石化投资	百分比
广东	1147.46	232.97	20.30%
广西	559.81	87.05	15.55%
海南	127.47	36.98	29.01%
河北	1202.13	348.64	29.00%
辽宁	1094.18	347.51	31.76%
山东	1558.86	651.06	41.77%

表 5-6　环北部湾物流投资强度　　　　　　（单位：亿元）

	社会固定资产投资	物流业投资	百分比
广东	22308.39	2444.35	10.96％
广西	11907.67	1121.22	9.42％
海南	2697.93	278.68	10.33％

除了书中研究提到的因素，也必须考虑实际建设中的问题。利益关系是环北部湾地区政府间合作的最大思考，在环北部湾石化业与物流业建设中，如果能有效平衡各地区利益，区域经济就能朝着良性循环的方向发展。反之，当利益协调机制出现冲突时，区域经济的发展速度就比较缓慢，甚至会停滞不前，造成目前的走走表面形式。因此，想要使区域合作机制的形成并有效运作，就必须要有与之相适应的"利益分享和补偿机制"，通过建立适当的"利益分配和补偿机制"来共享区域内政府在合作中带来的改革成果[19]。

三、实证研究

表 5-4 中的 AR（1）和 AR（2）分别是对扰动项差分的一阶、二阶自相关系数是否为零的检验结果，其原假设是"扰动项无自相关"，由检验结果可以看出，模型Ⅰ至模型Ⅲ扰动项均无自相关。所估计模型的面板残差均在 5％ 水平下通过显著性检验，说明模型估计的面板残差都是平稳的，上述回归不是伪回归结果且满足动态面板的基本假设条件。

在模型Ⅰ中，可以看出广东地区物流业显示了即期效应为负的特征（−19.312），而一阶滞后期效应为正（0.969），表明东部地区石化产业投资大，带动经济水平较高，但该地区物流服务业暂不能完全适应经济较快发展的需要。广东地区的石化业投资较为完善，发展空间不大，而广西、海南产业薄弱，可着重发展。环北部湾地区的物流业仍有很大的发展空间。

在模型Ⅱ中广西、海南地区物流服务业集聚水平的即期效应同样存在为负（−0.591），其一阶滞后期经济效应（0.223）不显著，但二阶滞后期正效应（0.865）显著，这表明了广西、海南地区经济发展落后于广东，从而对石化与物流投资的需求及其产生的集聚过程相对滞后，产业结构需要大规模的调整。历史遗留下的问题导致广西、海南的经济发展水平不如广东，从而对产业方面的投资较少，形成比较小且没有影响力的企业，分布零散。

在模型Ⅲ中引入的人口密度变量后一阶滞后期效应为正（0.365），二阶滞后期效应为正（0.743），表明在拥有一定的投资，产业结构调节之后，环北部湾地区人口密度会发生增长。一批石化龙头产业起来之后，将会拉动地方其他产业发展，继而引起劳动力的需求，对外来人口的吸纳，提供较多的就业机会。

对广东地区的物流进行整合改良，增强其基础能力，石化产业的投资继续保持，将会让广东石化产业与物流业继续稳定地发展。对广西、海南的石化产业，应加大投资力度，快速形成一定规模。环北部湾地区以石油炼制和石油化工为主，发展海南天然气化工，促进精细化工依托物流业的发展往内陆地区建设，在拥有扎实基础后，启动生物化工，不断更新产品。发展石化产业成为能够带动区域经济的龙头产业，并加大对物流业的投资，整合吸纳小型物流企业，配套发展园区物流。

第四节　小　结

我国环北部湾经济区资源环境条件优越，石化资源开发潜力大，沿海港口城市虽已意识到在新形势下的发展机遇，但基础薄弱，投资不足，很难有亮眼之处。动态面板数据模型分析得出，投资强度和产业结构是影响该区域石化产业与物流业发展的重要因素。

随着政策的不断更新，面对南海丰富的油气资源，应加大投资力度。在开发利用资源的同时注意环北部湾的可持续发展，充分了解自然资源的长期供应能力和当地环境的破坏承受能力。环北部湾区域内各城市的现有固定资产投资，劳动科技水平，产业结构具有一定的区别性，广东湛江、茂名，广西防城港、北海，海南海口、东方在发展石化产业时，应借助区位和港口优势，形成临海重化工，出口加工，转口贸易为主体的外向型综合产业基地，而内陆的南宁、柳州、钦州则要依托于沿海港口城市，完成精细化工、生物化工等附加产值较高企业的布局。发展物流业时，与其他地区发展条件进行比较，明确自身优势所在，加快完善港口物流基础功能，增设内陆物流园区，帮助部分石化产业转移内陆，全面发展。在重点培育本区域有发展潜力的产业的同时，利用政府的宏观操控和企业之间的整合，加强地区之间合作沟通，实现合理的地域分工，逐步形成区域内协调发展、竞争有序的产业链，避免因产业结构不合理导致的市场恶性竞争。

习近平主席对环北部湾的建设高度重视，不断完善环北部湾建设的框架。在投资建设方面，科学整合，做好保障措施，有效提高区域产业发展的整体水平，促进区域经济稳定协调增长。新出现的亚投行丝路基金、中国－中欧合作基金、中国－欧亚经济合作基金、亚洲区域合作专向资金、中国－东盟海上基金、中国－东盟合作基金、周边友好交流专业基金七大丝绸之路基金，也给予环北部湾建设更多的资金保障。

第六章 石化产业投入对物流业发展的外部正效应分析

石化产业从发展开始以来一直都是我国的重要支柱产业之一，在国民经济中占有很大的比重。近几年，我国环北部湾地区的石化产业产值对GDP的贡献度进一步增加。然而石化产业相关产品的运输要求高、运输风险大，对于物流产业的运输要求也相当高。因此，在石化业与物流业的共同发展中可以依托物流系统实现产业关联，其物流更具有专业性、稳定性和协调互动性，该发展模式对于物流产业的快速发展起到了十分关键的作用。同时配套的现代化物流业又是石化产业蓬勃发展的构成因素，两大产业是相辅相成的关系。我国的石化产业与物流产业之间依托产业耦合关系来形成共生与创新性的共同发展关系，这种协同关系将是环北部湾地区物流产业与石化产业之间发展的全新趋势。

通过投入产出关系可以得出两大产业之间的联系，得出更完善的产业耦合系统。降低物流环节的中间成本，提高自身产业与相关产业的经济效益水平，改善优化物流业与石化业之间的运转系统，减少不必要的中间环节，缩短周期，加快资金周转速度。研究石化产业的投入对物流业产出的外部正效应，对于国家能源安全，能源资源的合理利用，物流运输成本的大幅度缩减，提升物流运作的效率，石油化工产业的发展都具有大幅度的推动作用。

环北部湾地区石化与物流产业虽然已经逐步进入稳定的发展阶段，发展速度又相对较快，不过对比我国一些发达地区的相关产业发展程度，石化与物流产业的发展仍然有着一定差距。国内外对物流业发展与石化产业

投入的关系的研究并不多，也相对薄弱。在这样的背景下，选择石化产业
投入对物流业发展的外部正效应分析作为主要研究内容。

第一节　t－检验模型的设定

为了论述石化产业投入对物流产业发展的外部正效应，本书采用的是
投入产出法。在论述之前应当对石化产业投入与物流产业产出之间的相关
程度做一个假设检验，只有石化产业投入与物流产业产出之间存在相关
性，才可以进一步研究石化产业投入对物流产业发展的外部正效应，保证
本书内容的严谨程度。

假设检验是一种运用样本推断总体情况的方法，考虑到石化产业投入
与物流产业产出两组数据的特性，本书采用 t－检验模型，可以通过 t 分
布理论由个体推断整体差异，然后比较两个平均数差异程度的显著性。对
t－检验模型选择设定完成之后，为了快速地从数据中寻找出线性统计关
系，并且使用得到的线性关系来预测数值的可能值。本书采用 Eviews 软
件，使用计量经济学方法对数据进行"观察"。

本次模型设解释变量为物流产业增加值，记 y（亿元），解释变量为
石化产业投入，记 x（亿元）。假定石化产业投入与物流产业增加值之间
存在线性相关关系。

第二节　数据来源与数据说明

环北部湾地区的物流产业正在逐步发展，物流业的发展程度也受到许
多关联产业的影响。就本书研究内容而言，石化产业的投入程度对于物流
业的产出存在一定影响关系。由于本书研究的是石化产业投入对物流业发
展的外部正效应分析，故采用环北部湾各地区石油加工及炼焦业投资和石
油、天然气开采业投资作为石化产业投入指标，仓储业、交通运输以及邮

政业增加值作为物流业发展指标。鉴于数据的可获取性和准确性，采用2004—2013 年环北部湾地区各地区的相关数据。样本数据来源为 2004—2013 年中国统计年鉴各年度数据。

课题组将物流产业和石化产业作为一个整体，建立 t－检验计量模型，用来研究我国环北部湾地区石化产业投入与物流业产出的相关关系。

第三节　变量选取

统计结果如表 6-1 所示。

表 6-1　环北部湾地区 2004－2013 年石化产业投入与物流增加值数据图

年份	石化产业投入 x（亿元）	物流业增加值 y（亿元）
2004	15.86	1128.5
2005	99.62	1307.79
2006	136.57	1514.92
2007	183.94	1762.3
2008	270.44	2054.34
2009	188.95	2062.77
2010	167.6	2407.36
2011	214.17	2798.3
2012	220.15	3126.43
2013	343.41	3276.63

数据来源：2004—2013 年《中国统计年鉴》各省年度数据。

第四节　模型设定与检验分析

将数据导入到 Eviews 软件，可以得到 y 关于 x 的散点图。观察图可推测 y 与 x 存在相关性，并对 y 与 x 之间是否存在相关关系进行检验。根据道格拉斯生产函数，对上述变量各取对数记为 $\ln y$、$\ln x$ 建立回归方程：

$$\ln y = C + \alpha \ln x$$

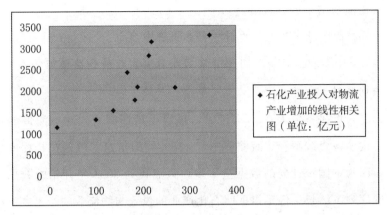

图 6-1 石化产业投入与物流产业增加值的线性相关图

从数据分析可以看出，环北部湾地区物流产业的发展受石化产业投入的影响比较明显。结合图 6-1 可以知道，当石化产业投入增加时，环北部湾地区的物流产业产出规模随着扩大，可以得到 α 应该为正。

通过预设模型 $\ln y = C + \alpha \ln x$，以最小二乘法进行参数估计，得到方程：

$$\ln y = 0.331951 \ln x + 5.950962$$

回归结果见表 6-2 所示。

表 6-2 石化产业投入与物流业产出的相关程度检验回归结果

Dependent Variable：LNY

Method：Least Squares

Date：04/19/15 Time：16：24

Sample：2004 2013

Included observations：10

Variable	Coefficient	Std. Error	t-Statistic	Prob.
C	5.950962	0.472152	12.60390	0.0000
LNX	0.331951	0.093093	3.565816	0.0073
R-squared	0.613807	Mean dependent var		7.612702
Adjusted R-squared	0.565533	S. D. dependent var		0.363907
S. E. of regression	0.239866	Akaike info criterion		0.159387
Sum squared resid	0.460287	Schwarz criterion		0.219904
Log likelihood	1.203067	Hannan-Quinn criter		0.093000
F-statistic	12.71504	Durbin-Watson stat		0.645858
Prob（F-statistic）	0.007338			

根据回归结果可以看出：

第一，截距项 c 和 $\ln x$ 的系数 t 统计量分别为 12.60390 和 3.565816，远大于 $\alpha = 10\%$ 的临界值，因此可知 c 和 $\ln x$ 的系数均显著不为 0，这几个参数均通过 t 检验。

第二，可决系数 $R^2 = 0.613807$，描述了该回归直线对观测值的拟合程度，说明该直线解释了观测值中 61.3807% 的信息。但是拟合程度不是很高，因为中国统计局的数据量不多，只能找到 2004 年开始的数据，造成时间序列不够长。但足以证明石化产业的投入与物流业的产出之间存在着相关关系的。

第三，根据回归结果我们可以得出，石化产业的投入程度对于物流产业产出规模存在影响，石化产业每多投入一个单位，环北部湾地区的物流产业产出相应提高 0.331951 个点。因此，我们可以得出石化产业投入与物流产业的产出是存在相关关系的。在石化产业投入与物流产业发展存在相关性的基础上，将对石化产业的投入对物流产业发展是否存在外部正效应展开研究论述。

第五节　石化产业投入对物流业发展的外部正效应分析的数据检验——以环北部湾为例

石化产业与物流业的发展过程中存在许多问题。石化产业的物流需求总量很大，也要求比较强的专业化程度，物流成本也相对更高。因此，石化产业与物流业的协调共生发展受到越来越多的重视。经过多年的发展，环北部湾地区的石化产业与物流业都取得了很大的进步，但就总体产业而言，经营方式还是相对粗放，物流成本高，专业化水平低等问题比较严重。产业之间的联合程度不够，无法形成完善的关联机制。因此，本书采用投入产出分析方法来对环北部湾地区石化产业与物流产业之间的耦合关系进行分析，从中发现问题以期得到合理的解决建议。

研究石化产业与物流产业之间的产业关联，用数据揭示石化产业与物流业之间关系结构，对我国石化业与物流业的快速发展有着重要意义。目前，大部分学者对产业耦合的分析都是建立在投入产出分析的基础上。本章节将利用国家统计局 2007 年的投入产出数据，对环北部湾地区的物流业与石化产业进行分析。

一、环北部湾石化产业与物流业的投入产出分析

（一）石化产业与物流业各产业部门的再划分

如今物流产业遍布经济领域的各个方面，属于一种新型的综合性产业。不过，我国现今产业分类并没有物流产业这一单独的产业，因此参照波拉特产业分类的方法[83]，把仓储业、交通运输以及邮政业整合为物流产业。同时将石油和天然气开采业，石油加工、炼焦及核燃料加工业和化学工业整合为石化产业。参照这个产业分类方法，以 2011 年广西、广东、海南三地投入产出表为基础，对投入产出数据进行整合分析，计算出环北部湾地区石化产业与物流业的投入产出基本流量表，结果见表 6-3。

表 6-3　环北部湾地区石化产业与物流业投入产出基本流量表①　　　（万元）

产出 \ 投入	石化产业	物流业	合计	最终使用
石化产业	57484323.32	6292176.386	63776499.71	107482288.2
物流业	1928907.293	2823507.419	4752414.712	35270795.99
合计	59413230.61	9115683.805		
总投入	107482288.2	35270795.99		

利用投入产出分析的数学模型，计算出环北部湾地区石化产业与物流产业之间的直接消耗系数、完全消耗系数、影响力系数和感应度系数，分析环北部湾地区石化产业与物流业之间的产业关联效应和对国民经济的波及效应。

---

① 数据来源：《中国统计年鉴 2011》。

（二）环北部湾地区石化产业与物流业的产业关联效应分析

研究环北部湾地区石化产业对物流业所产生的影响，即研究两大产业之间的关联效应。产业关联效应具体可以解释为由于某产业部门的变化引起另一产业部门同时变化的连锁现象，它具体反应在投入产出表中，可以通过对投入产出的一些相关系数进行计算和分析，在具体数值上反映环北部湾地区石化产业的需求或者投入发生变化时，对物流产业所在产业部门以及整个环北部湾地区产业经济造成的影响。

1. 环北部湾地区石化产业与物流业的直接消耗关系

为了细致地研究石化产业与物流产业的产业关联程度，本文使用直接消耗系数[84]A_{ij}，直接消耗系数的公式如下：

$$A_{ij} = X_{ij}/X_j \ (i, \ j=1, \ 2, \ 3, \ \cdots, \ n)$$

公式中：X_{ij}为j产业部门生产时消耗i产业部门的价值量；X_j为j产业部门的总产值；A_{ij}为j产业部门每单位产值中对i产业部门产品消耗的价值量。

表 6-4 环北部湾石化产业与物流业的直接消耗系数

	石化产业	物流业
石化产业	0.535	0.178
物流业	0.018	0.080

通过表 6-4 中环北部湾地区石化产业与物流业的直接消耗系数可以得出，环北部湾地区石化产业产值每达到 10000 元时，直接消耗石化产业的价值量为 5350 元，占石化产业直接消耗总量的 96.7％，直接消耗物流产业的价值量为 180 元，占石化产业直接消耗总量的 3.3％。通过数据可以知道，环北部湾地区石化产业对石化产业部门的依靠程度十分高，但是对于物流业的依赖程度相对较小。结果表明，环北部湾地区物流产业的发展对石化产业的促进作用非常明显，然而对物流业的促进程度有待提高。

同时分析物流业每生产 10000 元产品时，需要消耗石化产业价值量的 1780 元和物流产业的 800 元，分别占直接消耗总量的 69.0％和 31.0％，分析数据可以看出，环北部湾地区物流业的产出对于石化产业的依赖程度较高，对于自身物流产业的依赖程度也较高。由此可以看出，环北部湾地区石化产业的发展投入对于物流业的发展具有很大的促进作用。

从表中还可以分析得出，石化产业和物流产业各自每生产 10000 元产品时，直接消耗石化产业的价值量为 5350 元和 1780 元，分别占直接消耗量的比例为 75.0％和 25.0％，这说明环北部湾地区石化产业的发展主要受本身产业的带动作用较大，物流业也具有一定的带动作用。

分析以上内容并结合环北部湾地区当地实际情况可以得出，石化产业与物流产业之间存在着一定的关联程度，但是就目前环北部湾地区的情况来看，产业之间的协调程度还存在不足。两大产业都是各自发展，没有做到真正的协调共生发展。在产业发展过程中造成了许多的资源浪费，例如环北部湾地区与发达国家在物流成本和物流运作效率方面都存在着较大的差距。物流服务水平和效率普遍偏低，各环节的衔接较差。物流产业本身就存在这种问题，跨产业发展问题则尤为突出。在石化产业与物流业共生发展的模式下，货物在运输途中时间、劳动生产率等方面都有较大的提升空间。为了更加全面研究产业之间的经济关系，笔者将在下文中对完全消耗系数进行深入研究。

2. 环北部湾地区石化产业与物流业的完全消耗关系

完全消耗系数[96]是某产业对其他产业直接和间接消耗量之和，它能够更加深入地多方面反映产业之间的经济关联。计算公式如下：

$$B= (I-A)^{-1}-I$$

公式中：I 是单位矩阵，$(I-A)^{-1}$ 是列昂惕夫逆矩阵。根据投入产出表，由公式可以计算出环北部湾地区石化产业与物流产业的完全消耗系数，可以根据此数据分析石化产业与物流产业的完全消耗关系。

表 6-5　环北部湾石化产业与物流业的完全消耗系数

	石化产业	物流业
石化产业	1.167	0.419
物流业	0.056	0.098

通过表中环北部湾地区石化产业与物流业的完全消耗系数可以得出，物流产业每生产 10000 元，由石化产业造成的产品价值大约是 8000 元，需要完全消耗石化产业的价值量为 4190 元，占完全消耗总量 94.8%，而对于物流产业的完全消耗总价值量为 980 元，占总量的 5.2%。结果可看出物流产业十分依赖石化产业，物流产业对于物流产业本身的依赖程度相对较小。完全消耗与直接消耗程度基本一致，但是完全消耗程度比直接消耗程度大很多，分析可以推测环北部湾地区物流业的发展通过消耗关系，特别是占很大比例的间接消耗关系，可以对石化产业与本身产业产生十分巨大的完全消耗作用，进一步带动两大产业的发展，尤其对带动石化产业的发展起到十分重要的推动作用。

石化产业与物流产业自身每生产 10000 元的产品时，需要直接消耗石化产业产品的价值分别为 11670 元和 4190 元，占各部门的比例为 73.6% 和 26.4%，由此可以分析两大产业对石化产业的完全依赖度最高的是石化产业本身，物流产业的发展对石化产业的依赖程度也不低。环北部湾石化产业与物流产业对石化产业的完全消耗系数都比直接消耗系数大，表明环北部湾地区石化与物流产业的发展对石化产业和物流产业都产生相对较大的完全消耗关系，带动环北部湾地区石化产业与物流产业的发展。

3. 环北部湾地区石化产业和物流产业的影响力与感应度分析

要分析产业变动对经济的影响能力，一般用影响力系数来分析。影响力系数是代表一个产业增加一个单位最终产品时，对其他产业和国民经济所产生的需求变化。

影响力系数[85]的计算公式为：

$$F_j = \frac{\sum\limits_{i=1}^{n} \bar{b}_{ij}}{\frac{1}{n} \sum\limits_{i=1}^{n} \sum\limits_{j=1}^{n} \bar{b}_{ij}}$$

感应度系数是指国民经济各部门每增加一个单位最终使用时，某一部门由此而受到的需求感应程度，系数大说明该部门对经济发展的需求感应程度强。

感应度系数的计算公式为：

$$E_i = \frac{\sum_{j=1}^{n} \overline{b}_{ij}}{\frac{1}{n}\sum_{i=1}^{n}\sum_{j=1}^{n} \overline{b}_{ij}}(i=1,2,\cdots,n)$$

根据表 6-6 中的投入产出数据我们可以计算出环北部湾地区石化产业与物流业的相关系数。

表 6-6 石化产业与物流业的影响力系数和感应度系数

	影响力	影响力系数	感应度	感应度系数
石化产业	2.9727	1.2796	2.5503	1.9587
物流产业	2.1972	0.9458	1.5064	0.6484

由表 6-6 可以看出，石化产业的影响力为 2.9727，相当于环北部湾地区石化产业每增加一个单位产品时经济增加 2.9727 个产出。影响力系数为 1.2796，高于物流产业的影响力系数。表明石化产业在环北部湾地区是十分重要的产业部门，对其他产业的拉动作用也十分强大。而感应度为 4.5503，表现在其他产业增加一个单位产品会促进石化产业 2.5503 个单位产品的产出。感应度系数为 1.9587，在产业中属于较高的值。说明对其他产业的感应程度高，应当关注其他产业的发展情况。

环北部湾地区石化产业与物流产业影响力系数比感应度系数高，表现在石化产业与物流产业对推动经济发展具有很大作用，而受到经济发展的带动能力则相对较小。发展本地区的石化产业与物流产业，不仅要靠经济发展来拉动，更需要本产业的主动发展从而带动国民经济快速发展。分析环北部湾地区的产业结构，不难发现：环北部湾地区的石化产业还是属于资源粗放型，不属于高新技术型。要促进石化产业的快速发展，环北部湾地区初期成本负担较重，建设不足。石化产业大多是国有企业，政府控制，产业内部都有自己服务部门，但因为产业内部与外部企业没有一致的信息标准，部门之间的信息传递水平不高，严重影响了部门之间的信息沟通，造成物流运转的滞后。石化产业与物流产业的信息共享度和信息化水平不高，无法实现统一的信息传递。

二、石化产业与物流业对环北部湾地区经济增长的直接贡献分析

本章从产业对 GDP 的增长贡献度入手，借助相关数值进行分析。GDP 可以代表地区的经济增长，而且产业增加属于 GDP 的组成部分，分析石化产业与物流业的产业增加值变化情况与 GDP 增长变化趋势相对比，能够直观了解到产业对环北部湾地区经济增长的贡献。

采用了环北部湾地区近五年的数据。以下数据均来自中国国家统计局，其中环北部湾地区 GDP 和两大产业增加值都是以 2009 年为基础价格计算的。

表 6-7　石化产业、物流产业增加值与 GDP 数据

年份	GDP（亿元）	石化产业增加值（亿元）	物流业增加值（亿元）
2009	48895.93	21256.03	2062.77
2010	57647.41	25708.39	2407.36
2011	67453.81	29976.01	2798.30
2012	72958.56	31610.48	3126.43
2013	80102.25	32967.42	3276.63

产业对经济增长的贡献率一般用产业贡献率来计算，这一数值表明了某产业对经济增长的直接贡献。其计算公式如下所示：

某产业部门对国内生产总值增长率的贡献率＝该产业部门增加值增量/国内生产总值增量

（一）石化产业对经济增长的贡献

根据表 6-8 中的数据可以计算得出近五年 GDP 的平均增长速度为 10.4％，而石化产业增加值 5 年来的年平均增长速度为 9.2％。由此可见，石化产业增加值对于 GDP 的贡献程度很大，虽然增长速度缓慢，但是可以通过增加石化产业投入，依靠高基数带动 GDP 增长。所以石化产

业的增长对于环北部湾地区的经济具有促进作用。

根据经济增长贡献率公式可以计算石化产业对环北部湾地区 GDP 增长率的贡献度，计算结果如表 6-9 所示。

表 6-8　石化产业对经济增长的贡献

年份	GDP（亿元）	石化产业增加值（亿元）	石化产业增加值占 GDP 比例（%）
2009	48,895.93	21,256.03	43.3%
2010	57,647.41	25,708.39	44.3%
2011	67,453.81	29,976.01	44.4%
2012	72,958.56	31,610.48	43.4%
2013	80,102.25	32,967.42	41.2%

表 6-9　石化产业对环北部湾地区 GDP 增长率的贡献率

年份	2010	2011	2012	2013
石化贡献率（%）	51.00%	43.50%	29.70%	19.00%

分析表 6-9 可以看出，石化产业对环北部湾地区的 GDP 增长率贡献很大，但近几年下降幅度较大。应当充分发挥石化产业对环北部湾地区经济增长贡献度的作用，大力扶持石化产业，拉动相关产业的发展。提升石化产业对 GDP 增长的贡献率，依靠石化产业发展带动关联产业发展，从而促进环北部湾产业群的聚集，加快经济增长。

（二）物流产业对经济增长的贡献

表 6-10　石化产业对经济增长的贡献

年份	GDP（亿元）	物流业增加值（亿元）	物流产业增加值占 GDP 比例（%）
2009	48895.93	2062.77	4.10
2010	57647.41	2407.36	4.15
2011	67453.81	2798.30	4.18
2012	72958.56	3126.43	4.20
2013	80102.25	3276.63	4.29

根据表 6-10 的数据可以计算得出 2009 年到 2013 年 GDP 的平均增长速度为 10.4%，而物流产业增加值 5 年来的年平均增长速度为 9.7%。由此可见，环北部湾地区的物流产业增加速度比 GDP 的增长速度要慢，说

明物流产业发展水平还是有待提高，需要其他产业的拉动。通过环北部湾地区物流产业增加值占 GDP 比例指标，环北部湾地区物流产业增加值占 GDP 比例逐年增高，但是增幅不大，说明物流产业对环北部湾地区的经济增长有促进作用，促进程度有待提高。

根据数据和公式可以计算物流产业对环北部湾地区 GDP 增长率的贡献率，计算结果如表 6-11 所示。

表 6-11   物流产业对环北部湾地区 GDP 增长率的贡献率

年份	2010	2011	2012	2013
物流贡献率（%）	3.90	4.00	6.00	2.10

通过表 6-11 数据可以得出，环北部湾地区物流产业对 GDP 贡献增长率存在较大的贡献度，但是 2010 年到 2013 年之间的物流经济增长贡献率存在波动。应当加快物流产业的发展，达到促进环北部湾地区经济加速前进的目的。

三、外部正效应的分析

在环北部湾地区产业聚集发展过程中，石化产业与物流产业的聚集发展具有十分特殊的意义。为了更好地体现石化产业与物流产业之间产生的外部正效应，根据表 6-1 所统计的数据，将其以折线图的方式展现出来进行分析，具体数据如图 6-2 所示。

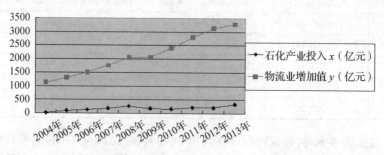

图 6-2   环北部湾地区 2004—2013 年石化产业投入与物流业增加值关系图

在图 6-2 中，蓝色折线所示为 2004—2013 年期间环北部湾石化产业的投入金额。从图中可以看到 2004－2008 年环北部湾对于石化产业的投入持续增加；2008－2009 年环北部湾石化产业的投入有所下降；而 2009 年—2013 年环北部湾的石化产业投入又平稳增长。而图中方形折线代表的是 2004－2013 年期间环北部湾物流业的增加值。从图中可以看到 2004－2008 年环北部湾物流业的增加值持续上升；2008－2009 年环北部湾物流业的增加值趋于平缓，增长幅度小；而 2009 年之后直至 2013 年环北部湾的物流业增加值又处于平稳上升状态。

2004－2013 年环北部湾对于石化产业的投入以及物流业的增加值整体都处于上升趋势。2008－2009 年两条折线走势的平缓，充分说明了石化产业投入减少的情况下，该地区的物流业增幅也减小；而其他时间段两条折线稳步上升也充分说明了当环北部湾石化产业投入增加使得该地区的物流业也不断增加。即环北部湾物流业随着石化产业的变化而变化，且双方成正比。

目前政府正大力支持环北部湾地区石化产业的高速发展，借鉴国内外的先进经验，石化产业的发展趋势正朝着集约化模式前进。石化产品对于物流产业的要求高风险大，利润也相对较高。石化产业与其他产业作为供应链的节点，依靠物流产业的有机关联，相关的物流更具有特定性和稳定性。表现为石化产业的发展为物流业的规模化发展奠定了基础，而现代石化产业的发展又离不开物流产业。两大产业之间存在着相互依存，相互促进的作用。石化产业与物流业经过整合资源确立协调同步的共生发展关系是环北部湾产业发展的新趋势。

第六节　小　结

在我们分析国内国外的研究现状之后，结合我国以及环北部湾地区的实际情况和发展现状，对环北部湾地区石化产业与物流业之间的经济关联进行了具体数值分析。通过选取石化产业与物流产业的投入产出数据进行实证研究，结果发现环北部湾地区的石化产业与物流产业之间存在着一定程度上的耦合，两大产业之间的产业关联系统正处于发展中阶段，还需要加大投入力度，结合优秀产业关联机制理论，对石化产业与物流产业之间的关联原因进行深入探讨

根据环北部湾地区石化产业也物流产业的产业关联效应分析和外部正效应分析结果，可以得出石化产业投入对物流产业产出之间存在的较高的关联程度，特别是石化产业的投入对物流产业的产出具有很大程度的促进作用。在一定的条件下，石化投入越多，物流业的发展越迅速。环北部湾地区石化产业与物流产业发展都有着很大的前景，应充分认识石化产业与物流业在发展过程中的重要地位和作用，加快现代化物流业的发展，加强石化产业与物流产业协调联动发展。环北部湾地区现代石化产业与物流业的发展机遇和挑战并存，若充分利用好产业之间的关联，将会对环北部湾地区的经济形成又好又快的发展。

应当在环北部湾地区加大政府支持力度，推动石化产业与物流产业一体化建设，打造一流产业平台，依托良好的发展优势，利用好"管理服务一体化"，快速推动地区石化产业与物流产业的发展，由这两大产业的发展带动其他产业的发展进程，从而实现环北部湾地区崛起新进程。

本章的分析数据不能完全代表石化产业与物流业的最新情况，对于资料的质量要求还有待提高。本章单独进行了横向对比研究，没有对长期的关联趋势深入探讨，需要结合近几年来的数据深入拓展。

国民经济行业产业归类方法中，没有细化到石化产业和物流产业，导致数据缺乏客观准确性。投入产出比中都没有单独的石化产业与物流业的统计数据，因此本书在研究投入产出方法中使用的产业归类存在局限性。如果国民经济分类体系中有了准确的相关产业数据，无论是对本章还是其他产业研究都有十分重要的意义。

第七章　环北部湾物流业与石化产业耦合评价指标体系研究

第一节　引　言

环北部湾处于中国沿海西南端，包括海南、广东、广西等区域。环北部湾凭借得天独厚的港口区位优势与大量的自然资源优势，建造了大型炼油基地，大力发展有关油气类工业产业；努力争取建设完成油气化工产业后续工程，形成有环北部湾特色的石化企业群。石油化工产业作为环北部湾的领头产业之一，就更应该与其相配合的物流产业进行深层次的产业融合，贯穿于整个供应链之中，全面带动石油化工行业的发展。在环北部湾，进行石化产业与物流企业的产业融合，不仅对物流行业的服务水平有带动作用，还能进而提高石化企业的综合竞争力，从而带动全区经济的发展。在环北部湾经济区，提高石油化工产业的综合竞争优势的重点，在于石油化工物流体系的优化程度。与国际国内发达地区的比较中可以看出，环北部湾经济区石油化工物流发展起步比较晚，物流中的资金与资源消耗占了很大的比重，而且物流的服务水平也很难满足市场的需要。相对于普通的物流产业，与石油化工相配合的物流产业有明显的不同之处，如何优化和评价物流与石化产业耦合，使之能与石化物流产业完美的配合，是我们要思考的问题。

第二节 环北部湾物流业与石化产业耦合的评价指标体系

明确的协调水平是经济活动中的一个关键维度，增加资源的利用和价值，表示产业间的协调性是产业耦合程度的重要体现。提升关键物流元素产业耦合中的地位和作用，就是提升产业的耦合度，必须注重每一个物流环节与耦合产业之间的相互作用，从而达到提高耦合度的目标。

基于产业耦合概念的研究综述得出，产业关联是产业耦合的技术条件，产业耦合会显著受到政策影响的一种双赢行为。产业耦合是由石油产业冲突转变而来，使得现在产业间的界限越来越淡化，在形式上表现为体系内产业要素彼此影响、联系和联合，在本质上形成了更强的新型产业发展要素或形态。产业耦合建立在产业关联的基础上，具有特殊结构属性的更高一级的复杂链网式协同共生关系，彼此约束和选择、协同和放大。约束和选择意味着耦合各方面原有自由度的减少乃至部分丧失，协同和放大意味着耦合各方在新的模式下协同共生，其原有属性可以被拓宽放大。两者之间相互作用，形成了互不可分的整体。

一个综合评价指标体系就是一个从多个视角和层次反映特定评价客体数量规模与数量水平的信息系统。系统元素构造即明确该评价指标体系是由哪些指标组成，各评价指标体系均基于定性的原则选择相应指标，也就是进入评价指标体系的指标要满足一定的原则要求。

单从石油化工企业物流系统来看，石油化工企业物流系统由采购、生产、库存运输、配送和信息六个子系统构成，石油化工企业物流系统由于资源分配不合理导致系统运行效率低下，运行成本昂贵。因此需要对石油化工企业物流系统进行优化，合理分配有限资源是石油化工业物流系统优化的目的和结果。

从本质上来看，产业耦合其实是一种协同共生关系。产业之间相互制约、选择和放大，即相互发生耦合关系的产业按照本身的属性，摒弃相抵触的因素而选择在协调模式下共同发展，使其原有属性扩大化。

耦合是指两个或两个以上的系统或运动方式之间通过各种相互作用而彼此影响以至联合起来的现象，是在各子系统间的良性互动下，相互依赖、相互协调、相互促进的动态关联关系。耦合的内涵包括如下几个方面：一是耦合的关联性。参与耦合的各个系统的耦合元素是具有相互关联的，没有任何关联的封闭系统不具备耦合的条件。二是耦合的整体性。参与耦合的各个系统的耦合元素按照一定的需要进行重新组合，形成一个新的系统。三是耦合的多样性。参与耦合的各个系统的耦合元素具有自组织能力，耦合要素以自然关联和信息自由流动为原则，形成多种组合方式。四是耦合的协调性。参与耦合的各个系统的耦合元素能够突破原来的系统组合，形成一个新的各要素协同合作，优势互补的良性系统。

评价指标体系是指由表征评价物流与石化两大产业对象各方面特性及其相互联系的多个指标，所构成的具有内在结构的有机整体。

第三节　环北部湾物流业与石化产业耦合
指标体系的建立

一、一级、二级指标建构

本书利用层次分析法，共分为三层。第一层为总体目标所决定的评估层，即环北部湾石化与物流产业耦合评价指标体系；第二层为3个一级指标，分别为规模指标、成长指标和效益指标；第三层为二级指标。初步设计二级指标为产业总产值、企业数、平均就业人数、总产值增长率、企业数增长率、就业人数增长率、就业贡献率、劳动生产率、税收占增加值比重。具体如表7-1所示。

表 7-1　基于耦合协调度的环北部湾物流业与石化产业耦合评价指标

产业	物流业		石化产业	
规模指标 X1	总产值 X11	Y1	工业总产值 Y11	
	企业数 X12		企业数 Y12	
	平均就业人数 X13		平均就业人数 Y13	
成长指标 X2	总产值增长率 X21	Y2	总产值增长率 Y21	
	企业数增长率 X22		企业数增长率 Y22	
	就业人数增长率 X23		就业人数增长率 Y23	
效益指标 X3	就业贡献率 X31	Y3	就业贡献率 Y31	
	劳动生产率 X32		劳动生产率 Y32	
	税收占增加值比重 X33		税收占增加值比重 Y33	

二、评价方法

采用基于层次分析法的综合评价方法，即分层逐级综合评价法进行评价。与评价指标体系二级结构相对应，对环北部湾物流业与石化产业耦合水平的评析分二级进行，并在此基础上对环北部湾物流业与石化产业的耦合度进行评价。

三、环北部湾物流业与石化产业耦合的理论模型构建

按照层次分析法，计算各项指标的权重：根据判断矩阵，求出最大特征根所对应的特征向量，步骤如下：第一步，计算一致性判断矩阵的乘积 M_i；第二步，标准化权重，即 M_i 的 n 次方根；第三步，归一化处理；第四步，估计最大特征根 $a_{\max}$；第五步，一致性检验 $\mathrm{CI} = \dfrac{a_{\max} - n}{n - 1}$ （7-1）（参考标度表略）。

选取石化产业为检验对象，用专家分析法得到判断矩阵 A 为：

$$A = \begin{bmatrix} 1 & 70/26 & 156/53 \\ 26/70 & 1 & 276/134 \\ 53/156 & 134/276 & 1 \end{bmatrix}$$

计算指标权重：

$$M_1 = 1 * (70/26) * (156/53) = 420/53$$

$$M_2 = 26/70 * 1 * 276/134 = 1794/2345$$

$$M_3 = 53/156 * (134/276) * 1 = 202354/272412$$

一致化检验的结果，即对 M 开 3 次方根，结果分别为 1.6778，0.9352，0.9284。

标准化权重　$W1 = 1.6778/(1.6778 + 0.9352 + 0.9284) = 0.4734$

$W2 = 0.9352/(1.6778 + 0.9352 + 0.9284) = 0.2641$

$W3 = 0.9284/(1.6778 + 0.9352 + 0.9284) = 0.2621$

计算最大特征根 a 为 3.0961。

一致性检验 CR＝0.0248。

通过上述计算，可以发现物流业与石化产业之间的耦合关系非常紧密，寻找合适的方法作用于物流业与石化产业，会对二者的发展起到不可忽视的作用。

表 7-2　物流业指标权重及其一致性检验

	X_1	X_2	X_3	权重	a_{max}	CR
X_1	1	42/26	885/538	0.3412		
X_2	26/42	1	479/268	0.2696	3.1185	0.0446
X_3	538/885	269/479	1	0.2189		
	X_{11}	X_{12}	X_{13}	权重		
X_{11}	1	34/9	10/3	0.4815		
X_{12}	9/34	1	210/268	0.1504	3.0704	0.0267
X_{13}	3/10	268/210	1	0.1872		

表 7-3　石化产业指标权重及其一致性检验

	Y_1	Y_2	Y_3	权重	a_{max}	CR
Y_1	1	70/26	156/53	0.4734		
Y_2	26/70	1	276/134	0.2621	3.0961	0.0248
Y_3	53/156	134/276	1	0.2641		
	Y_{11}	Y_{12}	Y_{13}			
Y_{11}	1	4/11	4/11	0.4738		
Y_{12}	11/4	1	147/80	0.1752	3.0679	0.0254
Y_{13}	11/4	80/147	1	0.1341		

从以上数据可以看出，规模指标属于第一重要的位置，然后是效益指标和成长指标。在规模指标中，总产值属于第一重要位置，其后是平均就业人数和企业数。显然，优先考虑规模指标中的总产值是提高环北部湾物流业与石化产业耦合发展的要素。

四、构建耦合度评价模型

确定指标权重：设 a 为环北部湾物流业权重，U_i 为物流业第 i 个指标的贡献值，U 为物流业综合贡献值，其中 $i=1，2，3，\cdots，n，j=1，2，3，\cdots，m$，则环北部湾物流业各指标贡献值模型 U_i 与总体贡献值 U 分别为：

$$U_i = \sum_{j=1}^{m} a_{ij} U_{ij} \tag{7-2}$$

$$U = \sum_{i=1}^{n} a_i U_i \tag{7-3}$$

同理 b 为石化产业权重，W 为石化产业贡献值。

借用物理学中的容量耦合概念和容量耦合系统模型来确定耦合度。设 C 为环北部湾物流业与石化产业的耦合度，则定义耦合度模型为：

$$C = 2 * \sqrt{U * W / ((U+W) * (U+W))} \tag{7-4}$$

$0 \leqslant C \leqslant 1$，当 C 趋近于 1 时，表示物流业子系统与石化产业子系统之间越和谐，即耦合度越高，反之当 C 趋近于 0 时，表明两者之间耦合度越低。

五、耦合度模型构建

为了避免出现物流业与石化产业耦合度过高的不真实现象，借鉴已有研究成果，将耦合度公式定义为：

$$D = \sqrt{C * T} \tag{7-5}$$

其中，C 为耦合度，T 是反映物流业与石化产业的综合评价指数，并

且 $T=a*U+b*W$，a，b 为子系统的贡献系数，并且 $a+b=1$。按照物流业与石化产业耦合度的大小，建立耦合协调度等级表如下：

表 7-4　物流业与石化产业耦合协调等级

失　　调					协　　调				
耦合等级	极度失调	严重失调	中度失调	轻度失调	濒临失调	勉强协调	初级协调	中级协调	良好协调	优质协调
耦合协调度	(0，0.1)	(0.1，0.2)	(0.2，0.3)	(0.3，0.4)	(0.4，0.5)	(0.5，0.6)	(0.6，0.7)	(0.7，0.8)	(0.8，0.9)	(0.9，1)

选取统计年鉴 2010 年的数据，得出相关结果如表 7-5 所示。

表 7-5　物流业与石化产业相关评价指标值

产业	综合指标值	二级指标	指标值	贡献值
物流业	U_1 (1.0)	U_{11}	4306.34	0.2447
		U_{12}	0.0936	0.251
		U_{13}	0.2173	0.2406
	U_2 (0.7496)	U_{21}	0.2558	0.1607
		U_{22}	0.4866	0.1884
		U_{23}	0.49	0.3225
	U_3 (0.1168)	U_{31}	132723	0.0026
		U_{32}	0.0502	0.0957
		U_{33}	0.0167	0.0034
石化产业	W_1 (0.8042)	W_{11}	69804	0.2547
		W_{12}	0.0152	0.251
		W_{13}	0.0518	0.0448
	W_2 (0.7650)	W_{21}	0.3806	0.3286
		W_{22}	0.19	0.152
		W_{23}	0.51	0.2101
	W_3 (0.1535)	W_{31}	85986	0.0026
		W_{32}	0.0081	0.1094
		W_{33}	0.0024	0.0034

综合以上指标值，求得环北部湾物流业贡献值为：

$$U = \sum_{}^{n} ai * Ui = 0.35 * 1 + 0.3 * 0.7496 + 0.35 * 0.1168 = 0.6158$$

环北部湾石化产业贡献值为：

$$W = \sum_{}^{n} ai * Wi = 0.35 * 0.8402 + 0.3 * 0.765 + 0.35 * 0.1535 = 0.5647$$

耦合关联度 $C = 2 * \sqrt{U * W / ((U+W) * (U+W))} = 0.999$

$D = \sqrt{C * T}$，取 $a = 0.7$，$b = 0.3$，$T = a * U + b * W = 0.7 * 0.6158 + 0.3 * 5647 = 0.6004$，所以 $D = 0.7045$。

求得 2005—2011 年环北部湾物流业与石化产业耦合度如表 7-6 所示。

表 7-6　环北部湾物流业与石化产业耦合度

年份	2005	2006	2007	2008	2009	2010	2011
物流业 贡献值 U	0.3307	0.3542	0.3312	0.4295	0.4873	0.5158	0.5217
石化产业 贡献值 W	0.4543	0.5712	0.4315	0.4482	0.3349	0.4647	0.5401
子系统耦 合度 C	0.9875	0.9721	0.9915	0.9998	0.9827	0.9986	0.9999
耦合协调 度 D	0.6027	0.6384	0.5990	0.6596	0.6588	0.7045	0.7261

从结果可以看出，目前环北部湾物流业与石化产业的耦合度均在 0.9 以上，各子系统之间有着极强的带动关系，耦合协调度在 0.6～0.7，处于初步协调阶段。

第四节　提升耦合度的政策导向建议

一、推动产业结构实现合理化、国际化

我国产业结构优化升级的关键和基本方向就是产业结构合理化、国际

化。其重点是要把工业化工产业结构的资本密集化过程和技术密集化过程紧密结合起来，加快化工高新技术产业以及物流、金融、保险、旅游、中介服务、信息咨询等新型第三产业的发展，不仅改善、优化目前以传统商业和服务业为主的第三产业的结构层次，也间接提高第二产业的国际竞争力、技术含量和效益水平。

二、坚持突出科技创新和新兴产业发展方向

选择广东、广西、海南基础最好、条件最优的重点产业作为切入点和突破口，明确阶段发展目标，集中优势资源，促进重点领域和优势区域率先发展，加快培育知识技术密集、资源消耗少、成长潜力大、综合效益好的产业。例如，节能环保、新一代信息技术、生物、精细化工高端装备制造、新能源、新材料等战略性新兴产业。

三、加大财税金融政策扶持力度

充分利用现有资金渠道，建立稳定的财政投入增长机制，设立战略性新兴产业发展专项资金，运用风险补偿等措施，着力支持化工重大关键技术研发、重大产业创新发展，鼓励金融机构加大对战略性新兴产业的信贷支持，发展多层次资本市场，拓宽多元化直接融资渠道。

四、加强专业人才队伍建设

积极培养专业的物流、化工高端人才和团队。注重在职人员的培训，提高石化、物流工作人员的专业化水平。优化人力资源配置，用待遇、事业、情感留人。培养一批本土高素质人才，为环北部湾的经济发展提供源源不断的新兴力量。尽快制定高端专业人才评价标准和引进待遇标准，明确物流人才的知识结构和素质要求，提高专业人才学历教育的培养质量，做好人才非学历培训教育。

五、加强知识产权体系建设

提高企业技术创新能力，建设高素质人才队伍。鼓励重大发明专利、商标等知识产权的申请、注册和保护，鼓励国内企业申请国外专利，健全知识产权保护相关法律法规，制定适合战略性新兴产业发展的知识产权政策；发展一批企业主导、产学研用紧密结合的产业技术创新联盟，进一步加强财税政策的引导，激励企业增加研发投入；加大力度吸引海外优秀人才来华创业，建立校企联合培养人才的新机制，促进创新型、应用型和复合型人才的培养。

六、正确处理石化产业和物流产业的关系

石化产业和物流产业对经济增长，犹如"船帆"和"船体"的关系。中国的石化产业必须要和物流产业形成良性互动。发展物流产业，要与石化产业紧密结合，在石化产业的优化升级中激发培育新的产业链，以现代物流产业带动石化产业的耦合优化升级。在区域产业结构发展和区域经济发展过程中，物流产业和石化产业不仅仅是静态的交叉重叠关系，而且是相互促进、相互渗透、相互制约的一个有机整体。

七、打造环北部湾物流与石化基地

积极培育和发展石化与化工物流市场主体，大力发展物流管理技术，构筑现代物流信息平台。发挥石化工业既是能源工业又是基础原材料工业长处，适度扩大产业规模，延伸产业链长度，带动相关产业发展。建立四大产业链，万吨炼油项目，满足市场成品油的需求。建设现代化石油化工综合基地。建设与乙烯和芳烃相配套的三大合成材料和大型有机化工原料生产基地。建设以大型烧碱、PVC装置为龙头的氯碱生产基地。

第五节 小 结

物流产业与石化产业进行联动发展对环北部湾经济区的经济发展有着推波助澜的作用。随着环北部湾经济的快速发展和产业融合步调的不断前进，物流业与石化产业的耦合已经是必然趋势。环北部湾所占有的区位优势为它的发展提供了坚实的后盾力量。对外可以联系周边国家，发展对外经济贸易，开展港口合作、能源与资源合作、旅游合作和人力资源开发等合作途径；对于国内来说，环北部湾连接着西南和东南，可以充当东部带动西部经济发展，实现东西部共同发展的重要桥梁。本书所建立的耦合度指标体系旨在对两个产业的融合性进行分析，通过指标评价分析影响二者耦合发展的因素，从而实现提高物流业与石化产业耦合度的想法。当前，环北部湾本身拥有良好的地理环境优势，也有了相当的政策支持，然而这些条件仍然可以进一步加强。根据以上近几年物流业与石化产业耦合发展状况来看，二者之间的联系已经有了明显的加深，但还可以进一步提高他们之间的耦合关系。以提高总产值为最终目标，着眼于物流过程中的每一个环节，加强基础设施建设，引进和培养高素质人才，提高物流运作效率，降低物流成本，提高服务质量。全面完善目前不健全的体制，在实践中发现阻碍物流与石化耦合关系的因素并且努力改变，形成一个促进物流业与石化产业耦合关系进程的良好氛围。适应当前经济和政治的发展战略思想，促进物流业与石化产业的耦合协调步伐，因地制宜运用到环北部湾经济的发展，实现共利双赢，快速稳定发展的目标。

第八章　基于 Hamilton 函数的物流业与石化产业协调发展的耦合关系分析

在学术和理论界中，物流被普遍称作"第三利润的源泉"。物流集信息流、资金流、实物流于一体。物流普遍存在各个行业之中。与物流相关的行业甚多，物流所涉及的产业链多。在国家的发展规划中，物流被列为十大振兴规划行业之一。石化产业具有较长的产业链条，物流为石化产业的发展提供了支撑，同时石化产业的增长也为物流业发展带来契机，物流业和石化业间的发展有一定的关联耦合性。

"一带一路"构想的提出和推进，特别是在铺就面向东盟的海上丝绸之路、打造带动腹地发展的战略支点方面，环北部湾地区的经济产业迎来了一次重大的机遇和挑战。物流业和石化产业都是环北部湾地区的支柱产业，它们的发展与环北部湾地区的经济发展有着密切的关联。环北部湾地区的石化产业已具有一定的规模，物流业经过发展，自身产业结构进一步完善。

针对当前两大产业协调发展耦合关系方面存在的问题和不足，通过分析物流产业和石化产业耦合发展对区域经济发展的影响因素，确定物流产业与石化产业的耦合关系的阶段。基于 Hamilton 函数的社会福利函数寻找产业最优社会效益输出界点或区间范围，在此状态下探究分析产业协调发展的耦合关系，提出促进两大产业协调发展的方法策略。为关联产业间的耦合发展提供理论支撑。使相关部门决策措施更具合理性、指导性和可操作性。

目前，国内外学者对耦合的研究大多集中在物理学领域。主要是物理范畴内的两个或两个物理子系统间的耦合关系，对于经济领域中产业系统的耦合研究甚少。本章对现有的文献进行综合分析，总结现在产业耦合研究的成果和不足。基于社会福利函数建立模型分析物流产业和石化产业耦合发展，为政府决策提供可行最优的方案。在最优的决策控制条件下，运用已有模型对物流业和石化产业的耦合关联度和持续发展进行分析。从而政府对促进物流和石化业的耦合发展做出正确合理的决策，采取更加经济有效的措施。

第一节　基于 Hamilton 函数的社会福利函数模型

一、相关内容回顾分析

哈密顿（William Rowan Hamilton）是英国数学家，物理学家，力学家。他所建立的 Hamilton 函数广泛应用于数学函数求最大值，物流运动求解以及宏观经济学中最优控制条件下求最值等。

Hamiltonian function 在经济中最常见的应用就是用来求存在动态限制式条件下的均衡解，例如有一关于消费的效用函数 H_0，H_0 是目标函数，同时存在一个动态限制式 K_0。在经济学中，可以假设投资的变动量 K_0 的表达式 H_1，当然 H_1 中包含消费这个变量和一些其他变量 K_0，如何在投资的变动量 $k=0$ 时使目标函数 H_0 最大化（即效用最大化）。可以通过建立 Hamiltonian 函数：$H(k,c,\mu,t)=v(k,c,t)+\mu S$，$dH_0/dt$ 表示目标函数对时间 t 的微分，μ 表示 Lagrange 系数，经济意义的具体解释是影子价格。

对 Hamiltonian 函数求各变量的一阶微分并让这些一阶微分等于 0，

得到效用最大化的消费和其他变量的数值，此时 H_0 刚好最大化，经济意义即动态条件不再变化，经济处在稳定状态，而目标函数的值最大化。所以 hamiltonian function 的经济意义在于求动态限制式的稳定（或者说收敛）最优解。

二、函数模型的构建

（一）基本的社会福利函数模型

目前，学术理论界中存在着各种具有不同意义的社会福利函数。包括新的社会福利函数。现有的社会福利函数可以总结成古典功利主义、精英者的、罗尔斯、纳什、阿马蒂亚森和阿肯森等形式。具体类型可以概括如下：

古典主义社会福利函数的表达式是：

$$W = U_1 + U_2 + \cdots + U_n \text{ 或者 } W = [U_1 + U_2 + \cdots + U_n]/n$$

它所代表的意义是社会的总福利等于某一社会区域内所有社会成员福利的相加或者是其相加的算术平均值。

Nash 的社会福利函数的内容把全部的社会成员效用水平相乘，即

$$W = U_1 \times U_2 \times \cdots \times U_n$$

精英者类型社会福利函数表达式：

$$W = \text{Max} \{U_1, U_2, U_3, \cdots, U_n\}$$

表达式所展现出的是最大原则，所代表的现实意义是社会福利的大小取决于精英阶层的福利最大。社会福利的衡量由精英阶层的最大化福利来展现的。

Rawls 的社会福利函数：$W = \text{min} \{U_1, U_2, U_3 \cdots, U_n\}$

衡量社会福利的多少通过最大最小（Maxmin）原则。

$W = \text{min} \{U_1, U_2, U_3 \cdots U_n\}$ 表达意义是最穷人的福利最大化。

伯格森（Bergson）和萨缪尔森（Samuelson）的社会福利没有具体的数学式进行表示。由于未确定特定的形式与机制，因此福利公式的确定方

面有了更高的灵活性。

综上所述,社会福利函数研究领域侧重于对社会各个要素直接收益方面,主要体现在各要素的收入和收入的分配。同时,对于区域性福利函数的研究主要以国家领域间或区域间的对比,而且以国际和区域间的比较研究为主,从消费者的角度研究收入和最优分布状态的文献并不多见。从产业之间耦合发展方面进行衡量社会福利的研究很少,本章通过 Hamilton 模型寻求产业系统最大社会福利贡献的状态,由此进一步探究产业间如何更好地耦合发展。

(二)基于 Hamilton 函数的社会福利函数模型

本福利模型基于产业贡献值,在动态条件下使用 Hamilton 函数求出物流产业和石化产业在具体的时期所产生的最大社会效益,由此确定物流与石化产业耦合发作的最终结果。

设:函数 $K(t)$ 表示某一时期区域物流业所产生的 GDP 值

函数 $C(t)$ 表示某一时期区域石化产业所产生的 GDP 值

t 为有限时间变化序列,那么有效益性社会福利函数:

$$V = \int_0^T v[k(t),c(t),t]\mathrm{d}t$$

关于社会福利效益面临的问题是:

$$\max V = \int_0^T v[k(t),c(t),t]\mathrm{d}t \qquad (8\text{-}1)$$

1. 物流业社会福利贡献函数

(1)增加物流量、大力提升物流的周转速度,为提高区域经济运行速度和质量的重要因素。因此,可通过构建物流通量的变化模型,来反映物流产业的发展状况,以此进一步为反映区域经济做基础。建立模型为:

$$R = f(x) + X \qquad (8\text{-}2)$$

物流量(L)为被解释变量,时间 t 为解释变量,X 为随机误差项。

(2)物流产业对区域经济增长的影响模型。为研究物流产业对区域经济增长的影响,构建区域对物流量的回归模型:

$$K = F(R) + X \qquad (8\text{-}3)$$

区域 GDP（K）为被解释变量，物流量 L 为解释变量，X 为随机误差项。

2. 石化产业的社会福利贡献函数

相对于物流业来说，石化产业为传统产业，各结构的 GDP 贡献值更加稳定，测算方法更为成熟准确。

（1）原油的消耗和重化工产量是反映石化产业发展的重要指标，同样在这里采取用原油消耗的变化模型来反映石化的发展状况。

$$O = z(x) + I \qquad (8\text{-}4)$$

（2）为反映石化产业对区域经济的影响，构建区域经济对原油消耗量的回归模型：

$$C = Z(x) + I \qquad (8\text{-}5)$$

3. 约束条件

考虑到财政投入，投入的总量是固定的却存在初始量，设初始量为 S_0，T 时刻的政府财政投入率为 E_t，那么有以下约束条件：

$$\text{St：} S_t = S_0 - \int_0^T E_t \, \mathrm{d}t \qquad (8\text{-}6)$$

E_t 是关于 k，c 的函数

$$S_t \ (T) \ = 0, \ S_0 = M$$

4. 转化为现值 Hamiltonion 函数求解

$$H(k, c, \mu, t) = v(k, c, t) + \mu S_t \qquad (8\text{-}7)$$

μ 是 Hamiltonion 算子或称作 Lagrange 算子，μ 在求函数最大值来建立等于，在一些情况下 μ 是关于 t 的函数。在经济学中它所表达的是影子价格。

三、模型分析

本模型以最优控制理论为基础，以各产业发展具有代表意义的要素回归预测物流产业和石化产业发展趋势，并通过相关要素回归了关于时间的 GDP 函数，$k(t)$、$c(t)$ 分别是以时间为自变量的物流业和石化产业社会

福利函数,通过函数 $k(t)$, $c(t)$ 来反映目前投入控制条件下社会效益产出的情况。效益率函数 $v[k(t)$, $c(t)$, $t]$ 表示产业相关联耦合发展状况下物流产业和石化产业所贡献的 GDP 效益。模型中所面临的问题是求最大的值 V,即目标函数 $V = \int_0^T v[k(t), c(t)]dt$ 的值最大化。

模型中努力寻找函数的约束条件 $S_t = S_0 - \int_0^T E_t dt$,使其约束更加精确,由此保证预测结果更加趋于真实的发展趋势。约束条件是基于资源消耗建立的预测函数,E_t 代表资源在时刻 t 时的资源消耗率。在此模型中,约束条件表示的是在固定周期内政府相关部门、计划总的投入和固定周期内每一时间内投入量的关系式。S_t 表示资源总的投入在时刻 t 的剩余,S_0 表示固定周期开始时刻总的资源量,即政府相关部门预计的总的投入值。

变量 t 为有限时间序列,它代表周期中时刻的变化,模型建立中考虑到贴现率的问题。所以,变量 t 作为单独变量出现在复合函数 $v[k(t)$, $c(t)$, $t]$,S_t 中。而在实际问题中通常先不考虑贴现率问题。因此,在实例的应用中时间变量 t 不作为单独的变量出现在目标函数和约束条件中,而是以复合函数的形式出现在目标函数和约束条件之中。最优化求解更多的是基于数学理论,最值得充分必要条件进行,利用理论条件 $\partial H/\partial K = 0$,寻求最优可行的解。

第二节　物流业与石化业发展耦合关系分析

一、物流产业与石化产业的特征分析

(一)物流产业的特征分析

物流产业的发展与区域经济的增长以及区域产业的转型有着密切的关系,总的来说物流业所具有的特征包括:物流业的战略性、物流业的创新性、物流业的导向性、物流业的关联性、物流业的成长性、物流业的风险性。

1. 战略性

战略性是指物流产业在区域经济增长中占有重要地位，对促进区域生产总值的增加、推动产业转型、提高国家的竞争力有着巨大的推动力。与此同时，它对区域经济增长的促进作用具有长期可持续的性质。

2. 创新性

创新性是指物流产业发展应建立在技术创新及其成果应用基础之上，科技创新、产品创新、工艺创新以及市场创新等，为物流产业发展最重要的牵引力业化提供平台。

3. 导向性

物流产业的导向性是指物流产业的发展方向和趋势对区域经济的增长和产业的转型方向、资本的积聚方向带有一定的信号指示作用。

4. 关联性

物流产业和相关产业的发展具有动态的相互影响。和其相关产业具有一定的正相关的回归关系。

5. 成长性

成长性是指市场需求潜力巨大，能够应对资源危机，实现低碳、资源节约和环境友好等目标，并且增长速度高于全行业平均水平，往往呈现出非线性发展趋势。

6. 风险性

风险性是指物流产业发展没有现成的经验可循，同时又具有开放性，在技术、市场、体制、机制等方面都存在着不确定性。

（二）石化产业的特征分析

石化产业概括有以下特征：

1. 地域性

石化产业一般是某区域的主导产业，工业增加值的比重高，主要由于历史发展形成的。

114

2. 有形性

石化产业相对于物流产业来说是有形性突出的产业。

3. 产业跨越性

石化产业的跨越性主要体现在具有较长的产业链条，涉及较多的产业部门，经过科学技术进步和社会的发展，石化产业实现跨产业发展。

4. 路径依赖性

石化产业的路径依赖性是指石化产业的发展经营方式往往遵循已有的发展模式或在经营发展上带有较大的惯性，创新性较低。

（三）物流产业与石化产业耦合发展的动因分析

"耦合"最初是一个物理现象，后被隐喻到社会科学，以描述多个互有联系的子系统借助中介，彼此作用与反作用，进而形成更大系统的现象。物流产业和石化产业耦合是指两者相互作用，相互影响的非线性关系总和。物流产业与石化产业耦合动因概括为外在驱动因素与内在驱动因素。

1. 外在驱动因素

产业耦合外在驱动因素主要包括经济的全球化和经济的自由化、政府政策的倾斜、科学技术发展、内外部市场需求增长等。现在全世界的经济格局所具有的特点是大市场，大生产，大融合。产业发展是不断地向前推进演变的，如同所有事物发展一样，遵循螺旋式上升的发展模式。产业耦合是产业冲突的最终走向。石化产业和物流业的耦合注定是一个不断发展进化的过程。

2. 内在驱动因素

产业耦合内在驱动因素包括技术创新、管理创新、模块化等。以现代物流产业和石化产业为例，内在因素包括消费需求、竞争、合作，追求创造价值等。这些内在因素形成的基本条件是物流产业与石化产业高度的关联性。表现为：

（1）物流产业是石化产业发展的基础。石化产业发展不能脱离物流，物流产业是培育石化产业的土壤，物流产业发展到一定阶段，就会促进石化产业发展升级。

（2）物流产业对石化产业有强大的渗透和改造作用。内在因素形成的重要条件是协调发展。产业之间的协调发展能够促进产业间或关联性产业要素的整合。从而改变各个产业的发展路径。影响产业的各项成本函数式。通常界定，内在驱动因素是产业耦合产生的原动力。

二、物流产业与石化产业耦合的效应分析

（一）耦合关联度评价模型

耦合关联度：物流业和石化产业系统之间各重要指标的耦合程度。产业间的耦合要素是一种多对多的联系。它的根本意义是建立在物流产业单个子区域与石化产业单个子区域耦合关联度基础上的熵权评价。通过对单个子区域间的耦合关联度评价，由此获得两大产业在某一区域的关联度。

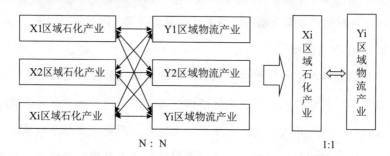

图 8-1 石化产业与物流产业耦合关系及本节研究范围

石化产业（用 X 代表石化产业）的指标包括：

1. X 产业市场竞争力

X 产业市场竞争力分别用产业市场占有率、产业出口收入率指标来定量计算。

X 产业市场占有率＝X 产业产品市场占有总额/社会上 X 相关产品总额

X 产业出口收入率＝产业处口净化值/产业主营业务收入

2. 产业效益贡献力

产业效益贡献力采用以下定量指标来衡量。

X 产业总产值＝X 工业总产值

$$X 产业增加值＝X 工业增加值$$

$$X 产业利润总额＝利润总额$$

$$X 产业税收总额＝主营业务税金＋应交所得税＋应交增值税$$

$$X 产业年均就业人数＝年均就业人数$$

$$X 产业成本费用率＝产业总成本/产业总费用$$

3. 产业自主创新力

石化产业自主创新力通过以下指标衡量：

$$X 产业自主专利拥有率＝企业发明专利申请数/所有企业发明专利申请数$$

$$X 产业新产品销售收入率＝新产品销售收入/产业主营业务收入$$

$$X 产业 R\&D 投入率＝（R\&D 活动经费投入）/（产业主营业务收入）$$

$$X 产业技术消化引进费用率＝产业消化吸收经费支出/技术引进经费支出$$

石化产业的指标体系如图 8-2 所示，总作业层为石化产业，作业指标层包括 3 个指标，评价指标层包含 16 个指标，图中指标已用字母标出，便于本书的后期评价。

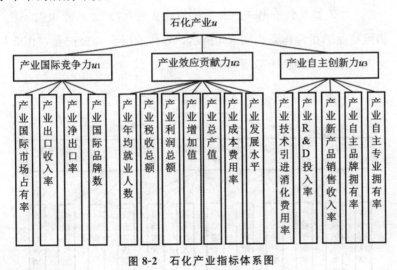

图 8-2　石化产业指标体系图

物流产业（Y 代表物流业）的指标包括：

（1）物流产业经济效益。物流产业经济效益通过资产利税率、规模效应系数和劳动生产率三个项指标来定量计量。

$$Y 资产利税率＝产业利税总额/产业资产合计$$

$$Y_{规模效应系数}=Y_{产业大中企业销售收入}/Y_{产业销售收入}$$

$$Y_{劳动生产率}=产业增加值/产业年平均就业人数$$

（2）物流产业发展潜力。产业发展潜力通过以下两个指标来反映。

$$Y_{产业贡献率}=产业增加值/地区所有产业增加值$$

$$Y_{产业增长率}=(产业增加值-产业去年增加值)/产业去年增加值$$

（3）物流产业市场绩效。

$$Y_{需求收入弹性}=\frac{(产业销售收入-产业去年销售收入)}{(产业去年销售收入\times 人均国民收入率)}$$

$$Y_{市场占有率}=产业销售收入/全国该产业销售收入$$

（4）显性优势指数。

$$Y_{区位商}=\frac{(产业销售收入/地区所有产业销售收入)}{(全国该产业销售收入/全国所有产业销售收入)}$$

$$Y_{比较利税率}=\frac{产业利税总额/产业总产值}{全国该产业利税总额/全国该产业总产值}$$

4. 区域利用条件

$$Y_{劳动力吸纳率}=产业年平均就业人数/产业总产值$$

物流产业的指标体系如图 8-3 所示，总作业层为物流产业，作业指标层包括 5 个指标，评价指标层包含 12 个指标。

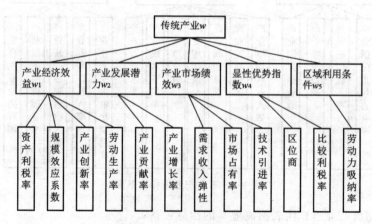

图 8-3　物流产业指标体系图

假定物流产业与石化产业的耦合关联度是 C。以物理学中的容量耦合（Capacitive coupling）定义和模型为基础，引申出某几个子系统相互作用的耦合度模型，即：

$C = \{(u_1 \cdot u2 \cdots un) / \prod (\mu_i + w_j)\} 1/n$，假设耦合系统中只有单个区域产业和石化产业，则可定义耦合关联度模型为 $C = \{(u \cdot w / [(u+w)(u+w)]\} \Lambda 1/2$，式中，$0 < C < 1$，$C$ 的值永远达不到理想值 1。

当 $C = 0$ 时，说明物流产业与石化产业之间无耦合，处于无关状态且无序发展状态。

当 $C = (0, 0.3]$ 时，说明物流产业与石化产业处于较低的耦合阶段，处于耦合发展初期。

当 $C = (0.3, 0.5]$ 时，说明物流产业与石化业处于耦合颉颃阶段。

当 $C = (0.5, 0.8]$ 时，说明物流产业与石化产业之间处于磨合期，二者开始良性耦合发展。

当 $C = (0.8, 1.0]$ 时，说明物流产业与石化业之间高度耦合阶段，达到良性共振阶段，且趋向新的有序结构。

说明：

U_i 为石化产业一级指标层的贡献值，$U_i = \sum_{}^{m} \lambda_{ij}\mu_{ij}, j = 1, 2, \cdots, n$

W_i 为物流产业一级指标层的贡献值，$W_i = \sum_{j=1}^{m} \delta_{ij}\bar{\omega}_{ij}, j = 1, 2, \cdots, n$

U 为物流产业目标层的综合贡献值，$U = \sum_{i=1}^{n} \lambda_i\mu_i, i = 1, 2, \cdots, n$

W 为物流产业目标层的综合贡献值，$W = \sum_{i=1}^{n} \delta_i\bar{\omega}_i, i = 1, 2, \cdots, n$

U_{ij} 石化产业系统的有序功效模型：$U_{ij} = (X_{ij} - \beta_{ij}) / (\alpha_{ij} - \beta_{ij})$

W_{ij} 物流产业系统评价指标层有序功效模型为：

$W_{ij} = (y_{ij} - \xi_{ij}) / (n_{ij} - \xi_{ij})$，其中 $i = 1, 2, \cdots, n, j = 1, 2, \cdots, m$。

（二）物流产业与石化产业的耦合持续发展分析

耦合关联度在一定程度上表现出物流产业和石化业之间的耦合程度。然而耦合关联度并不能够体现出物流业和石化产业在总体上的发展水平。因此，得到物流业和石化产业的耦合关联度之后，创立耦合持续发展模型来反映物流业和石化产业的发展水平。耦合持续发展模型：

$$D=\sqrt{C \cdot T}$$

注：D 是耦合持续发展度，C 耦合相关度 $T=a \cdot \mu+b \cdot \omega$，同时 $a+b=1$，a 和 b 分别代表物流产业和石化产业的贡献系数。

表 8-1　耦合持续发展类型

耦合持续发展度	持续发展类型	耦合持续发展度	持续发展类型
0.00—0.09	极度衰退发展型	0.50—0.59	过渡发展型
0.10—0.19	严重衰退发展型	0.60—0.69	初级发展型
0.20—0.29	中度衰退发展型	0.70—0.79	中度发展型
0.30—0.39	轻度衰退发展型	0.80—0.89	良好发展型
0.40—0.49	濒临衰退发展型	0.90—1.00	优质发展型

第三节　石化产业与物流产业耦合的边界条件以及耦合后的运作模式

一、石化产业与物流产业耦合的边界条件

石化产业与物流产业耦合的边界在于物流业服务石化产业的成本收益边际。石化产业依靠自身集群优势获得区位竞争优势和收益优势，前提是建立在产业集聚基础上与其他产业链耦合得到的，反映了产业集聚的本质属性。石化集群化的结果是其他相关产业跟随石化主导产业进行产业迁移，这种迁移是以企业成本为代价的，因此，企业的迁移集聚存在着成本的考量。产业集聚带来的分工细化，将单一产业链条分割为更为细致的产业分工，这些产业环节有可能在石化主导产业引领下高度集中，形成多种产业链组织形态，甚至可以逆向整合上游资源。当石化产业链关联性达到一定的程度，产业耦合的群集效应开始显现，石化全产业链生态圈建立。对于那些关联性相对较弱的企业而言，分工后的业务范围会被压缩在一个

很小的空间，为了生存，这样的企业要么提升技术服务水平，要么等待被淘汰。分工的细化存在一定的边界条件，那就是当逆向整合上游资源获得收益达到因分工细化带来的收益时，过度分工的后果开始显现，企业依存度下降，产业链集聚的效率开始急剧下滑，甚至最后瓦解。

二、广西越洋化工实业集团有限公司与物流产业耦合后的运作模式

广西越洋化工实业集团有限公司（简称越洋化工）是一家专门从事化工产品生产、销售、技术支持和设计支持、项目投资、项目策划的综合性国际贸易集团公司。总部位于广西南宁，生产基地位于广西最大的港口城市防城港。集团主要产品为磷酸、多聚磷酸、五氧化二磷、多聚磷酸盐，磷酸产品年总生产能力达 15 万吨。该集团拥有全国领先的多聚酸生产技术和设备，同时拥有全国乃至全世界领先的五氧化二磷生产设备，是全国最大的多聚磷酸及五氧化二磷生产基地。旗下有五家公司，生产企业三家，分装、贸易和投资企业有两家。

2012 年，越洋化工第一次向美国输出聚磷酸铵，当年即出口 10000 吨。但是，与美国的湿法磷酸制取聚磷酸铵相比，中国企业没有成本优势。中国能够生产聚磷酸铵的企业并非越洋化工一家，但都是用热法磷酸制取，而后者每吨生产成本比美国的湿法工艺高出 60%～70%。只有降低产品售价，这一新技术才有大规模复制的可能。越洋化工有两种选择方案：一是技术革新，提升产品高尖端水平；二是降低化工物流的成本。

首先，越洋化工专注于聚磷酸盐技术开发，通过与广西大学合作，从小试到中试，终于在湿法磷酸工业化生产聚磷酸铵上在国内率先获得成功。前些年，针对进口复合肥，国内一批专家曾进行过分析，得出的结论之一，便是其中添加了聚磷酸铵。中国磷肥产业前些年大举引进磷铵装置，这样的发展思路今天看来是走了弯路，即便被中国农民熟悉的美国二铵，在它的原产地美国也是存在争论的，如今在美国，聚磷酸铵是主流的

磷肥品种。聚磷酸铵突破成本门槛后，与普通复合肥价位已没有很大差异，正在成为改造肥料产业的新兴力量：一是聚磷酸铵作为优异的水溶肥原料，可以迅速提升国产水溶肥、液体肥的质量水平；二是聚磷酸铵除了液体之外，还有固态，可以替代复合肥中的传统磷铵。

其次，越洋化工与上海径捷国际物流有限公司、中外运储运有限公司合作，开拓危险品海运出口拼箱业务。所有危险品操作人员均持有国际ITAT DGR证书及危险品申报资格证书，有力地保障了越洋化工产品对外出口业务。越洋化工还与广西防城港务集团有限公司合作，租用防城港港口危险品仓库30000多平方，成功打造广西壮族自治区的磷化工产品全产业链示范企业。

第四节　实证分析——以环北部湾地区为例

一、数据的说明

本章节选取《中国统计年鉴》2000—2014年度相关数据。重点选取环北部湾广东、广西、海南的数据，研究经济带中物流产业与石化产业的耦合发展和社会福利效益。第一，物流发展效益主要由物流的货运周转量、货运量和物流业产值三个方面反映。（1）鉴于现有数据的可获得性，全社会货物周转能够相对全面地反应物流需求的概况。（2）物流的基础设施状况、物流信息系统和物流企业服务能力的数值，综合反映了物流的投资力度。鉴于数据的可获取性，本书仅选取货运量作为指标参考。（3）由于统计年鉴中没有物流业的产值，就我国实际情况来看，交通运输业、仓储业和邮电业是物流业的主要组成部分。本书选取交通运输业、仓储业和邮电业的产值代表物流业产值。第二，石化产业的发展效益主要由重化工产业、石油产量来反映和 石化产业产值反映。同样鉴于数据的可获得性，分别选用原油的消耗量和反映石化产业产值的化工业 GDP 产值来分析。

二、检验分析

（一）物流产业与石化产业社会福利的回归分析

通过收集环北部湾地区物流和石化产业相关数据，首先对物流产业的 GDP 值做回归分析，借助于 SPSS18.0 进行回归统计。同时，由于石化产业的回归分析与物流分析的数据操纵同在 SPSS18.0 中进行，因此石化产业的回归过程不进行细节展示。

使用物流通量的指标来综合反映物流的发展规模状况，区域的物流通量指标主要包括区域货运量和区域货运周转量，将区域货运量和区域货运周转量统一为一个指标。

以环北部湾地区货运量 G 和相应年份的货运周转量 L 构建一元回归方程：$G=C(1)*L+C+X$；对此方程式等式两边同时取对数，那么此等式可以化简为：$\text{Ln}G=C(1)*\text{Ln}L+C+X$。$G$ 为因变量，L 是自变量，X 为随机误差。

表 8-2　环北部湾地区货运量和货运周转量

年份	t	货运量 G（万吨）	货运周转量 L（亿吨公里）	$R=G+G_1$
2000	1	117.67	4070.91	196.97
2001	2	120.92	4183.70	324.09
2002	3	143.18	4303.30	356.64
2003	4	149.01	4490.12	367.23
2004	5	156.57	4855.40	436.83
2005	6	167.18	5490.20	467.21
2006	7	188.38	5713.81	507.62
2007	8	214.30	6278.37	577.83
2008	9	240.76	7104.43	601.33
2009	10	281.21	7906.54	612.07
2010	11	329.46	9631.27	723.66
2011	12	401.39	11750.99	832.56

年份	t	货运量 G（万吨）	货运周转量 L（亿吨公里）	$R=G+G_1$
2012	13	443.88	14224.04	931.02
2013	14	517.46	16919.51	1085.75
2014	15	590.29	19826.31	1121.61

根据表 8-2 数据，利用统计软件 SPSS18.0，采用普通最小二乘法，对模型进行相关参数估计，解得：$C(1)=16.291$，$X=-26.76$；所以，可得回归模型方程式为：

$$\ln G=16.291 \mathrm{Ln} L-26.76 \tag{8-8}$$

判定系数 $R^2=0.892$。

把历年货运周转量 L 带入方程，求得 $\ln G$，然后求 $\ln G$ 的反函数值，求取了货流当量 G_1，最后把 $R=G+G_1$ 列入表格中最后一列。R 表示物流的通量，反映区域物流发展的状况。

物流通量随 t 的变化。相应地，以物流通量 R 作为被解释变量，t 作为解释变量，使用 SPSS18.0 进行分析，在 SPSS18.0 中分析输出的模型汇总和参数估计值（如表 8-3），结果如图 8-4。

由表可以看出二次和三次回归的 R^2、F 值较大，说明其拟合的效果较好。

由此可以得出：

$$R=80.251 t^3-7.068 t^2+0.415 t+153.028 \tag{8-9}$$

表 8-3　回归分析模型汇总和参数估计值

方程	模型汇总					参数估计值	
	R 方	F	df1	df2	Sig	常数	b1
线性	.948	238.022	1	13	.000	123.221	60.784
对数	.767	42.730	1	13	.000	28.081	312.596
倒数	.465	11.321	1	13	.005	780.850	-774.609
二次	.980	294.272	2	12	.000	254.702	14.379

方程	模型汇总					参数估计值	
	R 方	F	df1	df2	Sig	常数	b1
三次	.989	331.962	3	11	.000	153.028	80.251
复合	.960	311.562	1	13	.000	235.035	1.112
幂	.928	167.459	1	13	.000	181.044	.597
S	.700	30.342	1	13	.000	6.674	−1.649
增长	.960	311.562	1	13	.000	5.460	.106
指数	.960	311.562	1	13	.000	235.035	.106
Logistic	.960	311.562	1	13	.000	.004	.899

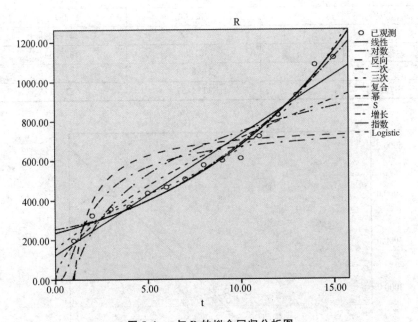

图 8-4 t 与 R 的拟合回归分析图

环北部湾地区 GDP（K）与物流通量 R 的相关实证分析。根据表 8-4 环北部湾地区物流通量和 GDP（K）数据的借助统计软 SPSS18.0 得出回归模型：

$$K = -5.674R^3 + 0.02R^2 - 1.025^{-5}R + 1107.695 \qquad (8\text{-}10)$$

判定系数 $R^2 = 0.991$，最终得到一个关于 t 的 $K(t)$ 函数。做出环北部湾地区回归分析的直观效果图，如图 8-5。

125

表 8-4　环北部湾地区物流通量和 GDP

年份	t	R（万吨公理）	GDP（亿元）
2000	1	196.97	800.8866
2001	2	324.09	893.8656
2002	3	356.64	1000.133
2003	4	367.23	1162.744
2004	5	436.83	1387.067
2005	6	467.21	1647.613
2006	7	507.62	1943.975
2007	8	577.83	2331.275
2008	9	601.33	2719.246
2009	10	612.07	2933.756
2010	11	723.66	3458.845
2011	12	832.56	4047.229
2012	13	931.02	4377.514
2013	14	1085.75	4806.135
2014	15	1121.61	5216.173

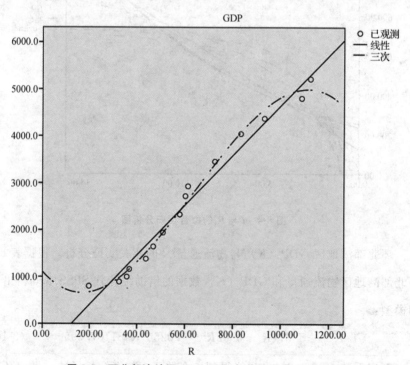

图 8-5　环北部湾地区 GDP（K）与物流通量 R 的关系

基于石化产业相关数据统计分析，借助于 SPSS 统计工具，我们同样得出了关于石化产业的回归分析模型。

石化产业的回归函数所采用的回归方法与物流函数模型相似，首先对能够反映石化产业发展的重化工产值和油气产值整理分析。建立化工产量能力变化对时间 t 的函数，之后建立化工产量变化与 GDP 的函数。其具体步骤同物流模型过程在这里不在重述，得出最终函数结果：

$$O = 14.379t^2 + 2.9t + 254.702 \tag{8-11}$$

$$C = 6.081o^2 + 0.01o - 870.435 \tag{8-12}$$

（二）现值 hamilton 函数求解与分析

通过以上回归分析，我们已经根据所采集的数据构建了环北部湾经济区域物流和石化产业关于时刻 t 的具体函数模型，$K(t)$、$C(t)$ 是基于目前控制条件两大产业所产出的社会福利。

在不考虑环境和资源消耗条件等负效应影响的情况下，函数 V 可以写成：

$$V = K(t) + C(t) \tag{8-13}$$

求取目标函数的最大值即求取 $MAXV \int_0^T v[k(t), c(t), t] dt$，那么在资本投入约束条件下，使用拉格朗日形式的 Hamilton 函数求最优，即

$$H(k, c, \mu, t) = v(k, c, t) + \mu \cdot S_t \tag{8-14}$$

依据函数最优可行解的充分必要条件来求最优点，即求解 $\partial H / \partial C = 0$，$\partial H / \partial K = -1/\mu$ 时的值。目前我国大部分产业投入往往是基于前一年的产业贡献值占总产值的比例，一般是关于区域 GDP 总值的一个正比函数。建立现行发展状况的预测模型，T 可能为较大数值，这里设约束条件中的初始资源 S_0 为远大于初始年份资本投入的值。间接放宽资源约束条件。

通过计算以及借助于数学最优化求解软件，得出最优解 $t = 30.3$。t 为整数时，最优解为 $t = 31$。因此，据此估计现行的产业不断耦合发展下，物流业和石化产业将会在 2030 年达到最佳耦合状态。

三、实证检验结果分析

物流业和石化产业的发展与环北部湾经济带的经济增长存在着一定的相互关系。提高经济带中货物周转量和货运量能够促进物流业的发展，物流业的发展也会带动相关石化产业的发展。石化产业的发展在一定程度上会带动物流产业的发展，随着石化产业的增长，相关化工原料产品的产量会增加，由此会产生一定的货运量和货运周转量，从而带动物流产业的发展。物流产业的发展为石化产业提供了更好的运输条件，降低石化产业的运营成本，由此形成了良性的产业耦合促进发展模式。

从以上实证结果中可以看出，物流业与石化产业 GDP 产值的增长基本同步，当物流业或石化产业发展速度较快时，石化产业或物流业的发展速度也处于较快状态。当在石化产业（或物流业）处于发展缓慢状态时，物流业（或石化产业）同样处在发展缓慢状态。由此可见，物流业与石化产业之间存在耦合发展的关系。

在基于环北部湾实证分析中，通过模型数据进一步分析物流产业与石化产业间的耦合关系。模型在最优控理论下，基于 Hamilton 函数研究了两大产业间耦合发展的最优化路径以及最优点，在其社会福利最大化条件下确定产业间的耦合关系。

第五节　小　结

中华人民共和国成立以来石化产业的持续发展，石化产业作为重要的支柱产业极大地带动了其他产业的发展。但是资源享赋以及历史形成的体制问题导致我国石化产业出现供需矛盾日益显著、高市场垄断度和低行业集中度、规模经济效益较弱，石化企业的国际市场竞争力较差等现状。基于中国石化产业的这一发展特点，更加迫切需要实现石化产业与物流业的耦合发展和可持续发展。

物流产业与石化产业具有密切的联系，在逐步探讨过程中，通过分析发现，可以借用物理学中耦合的概念来构建两类产业间的耦合系统。通过社会福利函数及相关产业耦合理论对物流产业与石化产业耦合系统的构成进行研究。耦合系统在产业的推动下存在从低级到高级发展四个阶段，耦合度的变化是各阶段的主要区分标志。

通过对环北部湾地区进行实证分析论证，得出物流业和石化产业间的发展存在耦合关系，两大产业间相互影响。有必要控制其处于最佳的耦合状态，由此产出更多的社会福利。

第九章 环北部湾石化产业与物流业
联动协调发展的制度渠道分析

第一节 石化产业链与产业空间布局

石油化工，简称石化，是指化学工业中以石油、天然气为原材料生产化学品。石油化工的范围极广，主要有天然气、燃料油（煤油、汽油、柴油等）、油田气、炼厂气、各种烯烃、苯及化学合成纤维橡胶塑料等，广义上也包括氨、尿素、硝酸盐等化肥产品。生产出以上工业品的工艺过程称为石油炼制。

石化产业链是指生产石油产品和石油化工产品整个过程中形成的以上一级产品为原料，进一步加工生产出下一个产品的整个完整产业群。因为石化产业链之间有所连接，所以石化产业链可以形成很大的产业集群，不仅可以降低物流成本，对于一个地区经济特色的形成和产业的发展也具有极其重要的意义。

环北部湾经济区要形成完善的石化产业链，必须充分合理利用临海区位优越条件，对现有的石化产业链加以整合和优化，形成完整的石化产业区域布局。依托广东上千亿产值的石油化工产业，大力发展高技术、高附加值的产品，延长产品链，提高竞争力。推动大型企业兼并重组，优化资源配置，提高产业发展的集约化程度。

广西以北部湾临港重产业牵头，先后建成包括钦州及铁山港、柳州、南宁等一系列产业园区，形成四大化工基地，加快发展北部湾国家级石化产业基地。形成 2000 万吨级的原油、180 万吨的化肥加工能力，实现销售收入 2800 亿元。

广东则依托其庞大的消费市场和良好的基础设施条件，在石油巨头公司的支持下，形成了以茂名、湛江和广州为主的三大石油炼化基地，这些足以巩固其在西南内陆、东南沿海地区石化产业链中的核心地位。

海南省石化产业发展集中在洋浦经济开发区和东方工业区，现有中石化、中海油公司的石化基地，更有建设中石化原油储备基地。

第二节　石化产业联动动力机制

一、空间组织动力

从当前环北部湾经济区石化产业布局（图 9-1、图 9-2、图 9-3）分析，符合一般意义上的沿岸港口、原材料和消费市场就近原则。但是该地区石化产业下游产品塑料、医药、农药、轻工纺织、汽车制造、机械电子等产业大多集中于广东省，就全局看，石化产业这种一边倒向广东省的区域布局加剧了产业发展与资源环境的矛盾。针对目前该地石化产业区域内有效需求不足、装置平均利用率降低、原料供给失衡、产品销售困难、土地约束增加、劳动成本上升、原材料价格上涨、企业效益下滑、创新能力弱和环保压力大的问题，淘汰、合并调整相关区域，重视与横向产业之间的平衡关系，降低石化产业带来的布局性生态环境风险。

二、技术创新动力

石化产业的技术革新依然是环北部湾经济区石油企业的重中之重。由于石化产业属于高资本、高技术型传统行业，石油企业固定资产投资巨大，更新换代相对缓慢，但是当地现有经营管理体制下更有利于技术成果分享。能源产业来自于新型高科技产业的挑战，必须革新技术来实现互利共赢。随着新兴技术在石化行业的不断渗透，石化生产也越来越科技化、集成化。中国三大石油公司在环北部湾地区都拥有一只规模庞大的研发队伍，虽然人数较多，但是研发能力还是比较欠缺的。当地石化企业亟须加快技术创新，淘汰落后产能，强化专业化优势，进而提升产品档次。以石油开采为例，技术进步是提高石油开采产量与采收率的主要途径。可以在经济区政府的总体规划和指导下，由三大石油公司合作建立石油产业科技创新机构，承担重要科技创新的重任，既可以避免资金资源的分散浪费，也比较符合当地的实际情况。

三、市场经济动力

2014 年，环北部湾经济区石油消费量占全国石油总消费量的 16.7％，石油消费量仅次长三角经济区，但是当地炼油加工装置和乙烯加工装置的产能却不能排在全国前列。截止 2014 年底，当地年均炼油能力超过 1000 万吨的仅有五家（广东的茂湛石化、汕潮揭石化、惠州石化、崖门口石化、广西的钦州石化），其中的茂湛炼化产能 2200 万吨/年，仅为全球最强的石油炼化厂一半左右产值。当地庞大的石油消费市场与欠缺的石油炼化能力相互矛盾，实现经济区石化产业转型升级的一条重要途径是走集约化的发展道路，展企业合并重组，减少企业数量，扩大生产规模。

四、产业链接动力

石化产业投资和产出的增加，并不是整个产业链最相关的需求条件，环北部湾上中游原材料、半成品与多集中于广东的下游产品整个产业链的有效链接才是促进当地石化产业增值的重要环节。因此，石化产业链结构优化和下游产业配套互动是石化产业争取区际联动效应、推进经济区城际、区域协调发展的重点方向。有序衔接的跨区域产业链接关系能够为提升产业总体能力与效率，提供相互的牵引动力。

第三节　石化产业联动协调运行机制

一、政府合作

当前环北部湾各地政府为了照顾本地经济利益，保持区域均衡发展，把石化项目分散在各地，要改善当前环北部湾石化产业区域布局过于分散的现状，应从以下方面着手建立政府间合作机制。第一，制定科学的地方经济考核办法。完善的地方经济发展评价体系，不仅要关注反映经济增长的指标，还要关注反映经济发展的指标，如物价水平、环境质量等。随着评价地方官员政绩的指标发生改变，地方政府在决策时会更多地考虑生产行为影响生态环境和居民生活的不利方面。第二，加强对石化产业的整体规划和布局。为了避免重复建设，防止资源浪费，各级政府应综合考虑各地资源禀赋、经济发展和人口结构等因素对石化产业重大项目进行总体布局，并严格执行数量控制与市场准入，以避免因过度投资带来产能过剩，减少污染和浪费。

二、企业整合

环北部湾经济区石油企业要增强竞争实力，必须以市场为导向，努力推进企业重组改制，提高产业集中度，创建大企业以高新技术研发为主，小企业以配套为主的分工格局，形成大、中、小企业结构合理，上下游企业协作配套的产业组织体系，为实施规模经济战略提供制度保证。自然垄断的属性决定了石化产业是规模效益突出的行业，目前世界上实力最为雄厚的石油公司均采取了规模化经营策略。布局于环北部湾的三大石化企业在相同区域同一环节的过度竞争既不利于企业的自身经营，也不利于该地区石化产业的整体发展。因此，当地石油公司之间应采取既竞争又合作的策略，以促进自身及整个行业的良性发展。

三、共性技术合作研发

随着当地资源环境保护和油品质量升级的压力加大，环北部湾石化产业亟须集中各方力量研发产业共性技术，加快技术创新，强化专业化优势，淘汰落后产能，提升产品档次。企业之间要开展合作，共建工程技术服务公司，加快科技研发和成果转化，实行技术共享。各石化企业应根据自己在当地石化链条中所处的位置，有侧重地开展创新。突破研发石化产业生产过程中的关键性技术难题，将大大提升当地石化企业的生产工艺、装备和技术，实现整个经济区石化产业链高效运行。

第四节　石化物流行业发展趋势

一、严格行业监管

由于石化物流行业涉及危化品仓储，我国对其建立了严格的监管制度。国家对危化品仓储监管越来越严格，预计未来国家和各地将相继出台更为严格的危化品储运资格审查监管制度，并加强危化品物流安全体系和应急处理机制建设。

二、石化物流行业呈现园区化、集中化的趋势

根据国务院发布的《物流业发展中长期规划（2014—2020 年)》，强调推进危险货物运输等专业类物流园区的建设。《危险化学品"十二五"发展布局规划》明确指出，所有新建和搬迁的危化品生产、储存企业必须进入专业化工园区，且入园率均要达到 100%。同时，伴随着竞争者联盟、

企业收购兼并，行业的市场集中度将逐步提高。未来，危化品物流园区数量和规模会进一步扩大，行业集中度进一步提高，区域性将更加明显。

三、完善智慧物流体系建设

利用互联网思维和现代化信息技术整合仓储资源，建设智慧物流体系成为未来石化物流企业发展的重要趋势。石化物流行业移动互联网、物联网、大数据等信息技术的应用将更加广泛，有更多信息化产品应用到石化物流运输的各环节，打破不同运输方式、不同运输区域、不同管理机构的信息壁垒，使危化品物流产业链的管理向扁平化、协同化、职能化和网络化方向发展。现代信息技术用于物流的流程设计和改造，也将有效降低管理成本，增强客户黏性，提高管理效率。同时，通过智能化科学管理，我国在石化物流安全领域的管理能力将进一步增强，从而能够更好地提前预防，降低危化品物流风险。

四、加快建设石化物流服务平台化

目前国内石化物流企业普遍处于传统的单一运营模式，缺乏新的商业模式和盈利模式。通过资源整合，创新商业模式，打通供应链上下游，延伸服务链条，开展增值服务，通过信息技术的应用，打造现代危化品物流服务平台，实现政府、行业、企业之间信息的交换和互联互通，成为未来危化品物流行业必须面对的挑战。

第五节　石化产业联动协调保障机制

一、加强原料储备

伴随环北部湾经济的高速发展，油气需求不断增加，而当地原油气资源短缺，市场长期处于供不应求的状态。以石油供求为例，2014年经济区石油对外依存度达到56％，每日石油进口量达到250万桶，成为全国首屈一指的石油消费地区。根据中科院预测：当地消费市场对石油的需求还将进一步增长，到2030年石油的对外依存度可能会达到65％～75％，这将严重影响到环北部湾经济的可持续发展。因此，当地应当借鉴西方发达国家的经验，瞅准现阶段国际油价低廉的良好时机，增加石油、天然气和化肥储备，减少油气价格上涨对地区经济的负面影响，实现化工产品的供需平衡，为石化下游产业的持续稳定发展提供保障。

二、健全政策法规

我们应用健全合理的政策法规引导环北部湾地区石化产业结构的优化、布局的合理，应该积极发展更高层次的石化产品，加快淘汰落后产能，保障合理的增长，为实现当地石化产业的可持续发展，完善产业政策。

除了依托有效的产业政策外，环北部湾石化产业的跨区域发展还必须依靠健全的法律法规体系。"十二五"期间颁布的关于能源绿色健康快速发展的法律，也起到了重要的推进作用，对石化产业改造升级也发挥了积极作用。但是经济区并没有针对石化产业制定单独的法律，从而使得当地石化产业能源储备和市场运行缺乏制度引导。因此，必须加快石化产业立法工作，通过法律的形式对石化企业的资质、标准、能力等提出要求，对油气价格形成机制、环保处罚力度进行规定，对油气储备、价格形成的机制给出说明，为石化产业的跨区域运行提供法律保障和约束。

三、重视规划环评

当地环保部门要解决环境保护制度执行力的问题。经济区环保部门的监管应该更加规范和严格，要督促环北部湾各区政府分期分批完成拆迁工作，关闭不合标准的中小企业。对于不符合环保标准的生产行为，确实做到"环保一票否决"。环保法规应鼓励民间成立环保组织，帮助各级政府来监督企业的生产行为，发动和吸引更多的社会团体和公众广泛参与到环境影响评价管理，保障公众的参与权和监督权，通过座谈会、监听会、论证会等制度渠道对涉及重大公众利益的建设项目进行表决，发挥出在环境评估中的巨大影响力。

第六节　小　结

在地方产业密集的区域，产业之间的联动与协同发展，是整个区域经济发展的必然要求，也是产业可持续发展的客观要求，各个层次产业的协同合作，是促进区域和城际产业升级和发展的重要途径。

环北部湾经济区由于起步较晚、不一致，致使其发展落后、不平衡，成为经济区急需解决的一大难题。通过石化产业与物流产业的联动合作，来协调各个城际与区域之间的经济平衡，需要从消费市场、相关产业的联动合作技术、政策法规等方面考虑，准确定位石化与物流产业联动的功能作用，积极引导建设利于产业合作的信息平台，实施科学化、标准化的管理手段，积极引进培养相关人力资源，从政府、市场、企业等角度提出相关政策制度措施，尤其是在当前国际环境受到严重冲击的背景下，政府的引领作用尤为重要，通过各方面的努力，实现环北部湾经济区城际协调发展和经济的可持续发展。

第十章 环北部湾石化产业链
物流通道建设路径实证研究

　　在经济全球化深入发展的背景下，全球各区域合作正在增强，而且我国周边外交政策越来越开放，与周边国家的合作越来越频繁。这些合作和政策都为环北部湾地区提供和平稳定发展的国际环境，同时也保障了石化产业的业务向国外扩展和延伸。与此同时，中国石油广西石化项目在环北部湾地区已经开始投入建设，石化产业发展迅速，成为该地区支柱产业之一。而国家目前提出的"一路一带"与"珠江三角洲"一体化等合作机制都对环北部湾地区有着很强的辐射作用，对环北部湾石化产业的发展有着不容小觑的作用。与此同时，环北部湾地区发展起来也能同周边经济体起到很好的联动作用。

　　环北部湾地区石化产业作为该区支柱产业之一。建设石化物流通道，将有助于提高环北部湾地区石化产业竞争力，继而影响到环北部湾地区经济的竞争力。环北部湾石化产业物流通道的建设对该区域将起到巨大的作用，除了对该区域的经济发展起到促进作用外，对国家的能源保障也起到了巨大的作用，进而优化环北部湾地区石油炼油业务布局意义重大。环北部湾地区石化物流通道的建设也伴随着该区石化产业加速发展而被人越发重视起来。同时环北部湾地区石化产业物流基础设施不全，石化产业运作效率低等问题也显现了出来。因此，本书致力于对现有环北部湾地区石化产业链物流通道提出改进及改善意见。提高石化产业运作效率，继而提升该区域的竞争力。物流通道一旦建成，环北部湾地区将成为中国—东盟自由贸易区的区域物流中心，从而促进整个区域的经济发展。

第一节　环北部湾地区物流通道系统分析

环北部湾地区物流通道的组成方式主要是以公路、铁路、港口和管道运输为主。截至 2014 年，环北部湾地区公路总里程达到 40000 多公里。其中广西基本上形成了以桂林、梧州、南宁、柳州为中心，从中心连接自治区内各城镇、村庄、江河港口等通畅的公路交通网络。广东省的公路总里程超过 30000 公里，公路基本实现覆盖全省的模式。海南省基本上也是以高速公路为主线，"三纵四横"等国省干线水平线的连接模式。广西壮族自治区铁路运输网络形成了以南昆、枝柳、黔桂等为主要干线的网络结构，而几条干线的交点位置处形成柳州、南宁等几个枢纽。广东省目前已有京广、京九、黎湛、粤海和梅坎等线路，并计划开发更多线路以加强与邻省的沟通。海南省铁路的主要干线有东环铁路、西环铁路以及粤海铁路。环北部湾地区的主要有汕头港、广州港、珠海港、湛江港、北海港、防城港、钦州港、海口港以及八所港，港口总吞吐量达到 8000 万吨以上。管道方面，广西主要有三条管道工程，到 2020 年，将建成连通各地的完善天然气管道网络。而海南省环岛管网文昌－琼海－三亚输气管道工程已经开始投入运营。

一、环北部湾公路现状

在公路建设中，广西南宁－新加坡经济走廊和泛北部湾海上航线成果显著。到 2013 年年底，广西公路通车里程数达到 14 万公里，在高速公路规划建设中，广西与越南的高速公路连接点有 4 个。防城港大型高速公路已经开工，靖西高速公路和崇左至水口公路将开工建设。

北部湾经济区规划和建设的出海高速公路有 6 条，其中，贵港至合浦高速公路集资超过 92 亿元，总体长度超过 150 公里，连接的三个城市是广西钦州、北海和贵港。

海南省截至目前最大的跨海桥梁工程——铺前大桥已于 2015 年 3 月 6 日正式施工。2015 年内启动的项目包括：铺前大桥、中线琼中至五指山至乐东高速公路、文昌至琼海高速公路和横线万宁至儋州至洋浦高速公路。这些项目总投资达到 360 多亿元，总里程数超过 400 公里。

二、环北部湾铁路现状

铁路方面，泛亚铁路的建设进程正在被广西壮族自治区政府积极推动，正在建设中的德靖铁路、目前还在规划中的靖龙铁路将和已经通车的田德铁路实现对接，成为中国境内通往边境的铁路。此外，南宁铁路物流中心 2018 年 5 月建设完成，这将极大地方便东盟国家和中国之间的往来。此外，广东省和海南省也在快速修建铁路。

三、环北部湾出海港口现状

广西沿海港口的总体吞吐能力已经突破亿吨大关，其中可以停泊万吨级货运船的泊位达到 27 个。而防城港截至目前共拥有停泊位 33 个，其中可以通过万吨级以上货运船只的停泊位置在 19 个以上，港口专用集装箱泊位年通过能力为 25 万标箱，年实际吞吐量超过 2500 万吨，钦州港和北海港也因此被划分为全国地区性的重要港口。形成了以防城港、北海港、钦州港为主的出海通道，极大地完善了广西地区海路联运网络。

目前，在广东省的沿海港口生产性泊位中，其泊位数量接近 2000 个，可以停泊万吨级货船的泊位近 300 个，名列全国第二，而沿海港口货物吞吐量达到了 30 亿吨，集装箱通过能力为 4307 万标准集装箱。2014 年，全省沿海港口完成货物吞吐量 12.13 亿吨，集装箱吞吐量 4256 万标箱，分别较上年增长 5.6%、3.8%。

海南省全省目前分布经营了 25 个客货运输的港口、港区或港点，其泊位总长度近万米。截至 2014 年，海南省共计 124 个客货运输性质的停泊位置，其中多达 28 个万吨级以上的运输泊位，34 个 1000～5000 吨级泊位，66 个 500 吨级以下的泊位。

四、环北部湾地区管道铺设现状

截至目前，环北部湾地区已投入运营的管道工程有中国石油广西石化 1000 万吨炼油厂成品油外管道工程，该管道工程线路总长 190.6 公里，设计年输油能力为 500 万吨。该管道工程从钦州港中国石油炼油厂出发到南宁市青秀区屯里油库。而北海—南宁成品油管道工程项目，作为重点项目，每年的设计石油产能 800 万吨，是北海炼油石化项目的必要子计划，是石油管道中国华南西南地区成品油资源支持的一部分。南宁、柳州产品管道项目的管道总长度 193 公里，从广西石化 1000 万吨炼油厂出发，最后的终点是柳州市柳州站。

预计到 2020 年，广东省将建成连通各地的天然气管道网络，实现"气化"全省。其天然气的来源包括南海海上天然气、沿海的液化天然气接收站、内陆的跨省长输管道等，预计可提供的天然气资源总量达 600 亿立方米/年，广东省建成的天然气主要管道约 4000 公里，形成全省联网、多种天然气源头互补、资源共享的天然气管网系统。

海南省环岛天然气管网工程已投入运营，管网将覆盖海南省沿海主要城市和重要工业经济发展区及旅游度假区，即海南省天然气管道将与三亚、东方、儋州、海口、文昌、琼海、万宁、乐东等市县及景区相连接。

第二节　环北部湾物流通道技术经济分析

一、物流通道技术分析

环北部湾地区石化产业目前可采用的物流通道从整体技术水平看表现为广东省的物流通道水平要优于广西壮族自治区和海南省的物流通道，但随着北部湾经济区的持续开发以及稳步发展，广西和海南物流通道的潜力将被不断地发掘。

环北部湾地区石化产业的物流通道主要是指广西、广东和海南的公路、铁路、港口以及管道组成的交通系统。而反映一个地区物流通道能力的一个重要技术指标就是物流通道的通过能力。在港口方面表现在其吞吐量，该区域主要的港口有汕头港、广州港、防城港、湛江港、海口港和八所港等。其中广州港、湛江港、防城港均为亿吨大港，海口港年吞吐量也在 8000 万吨以上，各港均有自己的集装箱码头。公路方面运力的一个重要表现方面就是其等级公路的总里程。环北部湾地区等级公路总里程达到了 30000 多公里。其中广西已经形成了以南宁、柳州、桂林、梧州为物流集散中心的网络结构，通过国道、省道等干线连接周边各省。而广东省通往其他省的高速公路四通八达，基本形成了以深圳、广州为中心并向外辐射的高速公路网络。海南省也形成了"三纵四横"的公路网络结构。环北部湾地区的铁路交通均很方便，铁路营运总里程超过 8000 公里，广西、广东均有铁路干线互相连通，广东和海南也可以通过粤海铁路相连。其中以广东省的铁路运输最为方便，广东省的京九、京广线均是中国最强的干线，均属于国家一级铁路。京九线为双线电气化铁路，实现了电力机车牵引，最高时速 160～170 公里/时，途径北京、南昌、九江、深圳、九龙。京广铁路为双线电气化铁路，最高时速 160 公里/时，是中国铁路运输最为繁忙的地段。环北部湾地区通过铁路辐射的范围还是十分之广的。

二、物流通道经济分析

从广西交通运输投资对经济的贡献率分析，不同交通运输投资对经济发展的贡献率是不同的。以 2014 年公路交通为例，广西公路网密度国民经济和社会发展比例和效益指标是 4415 公里/万平方公里，而铁路网密度国民经济和社会发展比例和效益指标是 130 公里/万平方公里。广西 2015 年交通运输财政支出为 937145 万元，这些数据表明环北部湾地区铁路交通运输投资对经济的贡献率是十分巨大的。而近年来随着公路和港口的投资建设，环北部湾地区石化产业物流通道的状况也越发改善。公路方面，到 2013 年总里程数已超过 4 万公里；港口方面，年吞吐量超过 8000 万吨的大港已经达到了 5 个。而这些改善带来的最大好处无疑是经济的增长。表 10-1 给出的是 2009－2013 年环北部湾地区石化产业的生产总值。广东省从 2009 年的 2763.9 亿元增长到 2013 年的 4963.1 亿元，年均增长率为 9.7％；广西从 775.9 亿元增长到 1437.8 亿元，年均增长率达到了 12.4％；海南省从 148.9 亿元增长到 283.2 亿元，年均增长率是 11.7％。因此，随着环北部湾地区石化产业物流通道的稳步建设，该地区石化产业经济也实现了稳步的增长。公路和港口的建设对经济有着极大的拉动作用，建设物流通道可以促进区域的经济快速增长。同时广西作为环北部湾地区的核心城市，其与西南物流环境和物流发展必将促进中国东盟大物流的繁荣。环北部湾经济区与西南地区还有东盟进行区域合作，这样可以断定，环北部湾地区物流通道决定双边贸易的繁荣与效率。

表 10-1　环北部湾地区石化产业生产总值　　　（单位：亿元）

年份 地区	2009	2010	2011	2012	2013
广东	2763.9	3661.4	4246.8	4555.4	4963.1
广西	775.9	956.9	1172.1	1303.5	1437.8
海南	148.9	185.8	227.1	256.9	283.2

第三节　环北部湾地区石化产业物流通道发展评估

一、环北部湾地区主要石化项目产品流向分析

环北部湾地区石化产品除满足广西、广东、海南等地需要外，还可能流向川、黔、湘、赣等省份，满足区域市场需求。其面向东盟，影响范围可辐射国内。

广西壮族自治区方面，中国石油钦州千万吨级炼化一体化项目作为环北部湾地区的主要石化产业项目，可以实现每年向西南地区供应830万吨汽油、柴油、液化石油气和其他燃料，90万吨聚丙烯、芳烃、苯、甲苯、二甲苯等石化产品，将大大缓解，西南地区"缺油"的情况。还有另外一些产品将作为石化产业的基础原材料延伸石化产业链，可以在很大程度上带动周边区域，并形成以新材料为主的石化下游产品产业集群，促进广西经济发展和产业升级；北海炼油异地改造石油化工项目每年可生产聚丙烯18万吨、液化气33.4万吨、93号国三汽油68万吨、船用燃料油45.5万吨、车用柴油82万吨等。石化产品主要是为了满足广西本地的需求，有利于促进广西石化产业结构调整升级、增强产业竞争力、扩大投资规模、拉动广西经济发展。

广东省方面，中委广东石化炼油项目，作为由中国石油天然气集团公司和委内瑞拉国家石油公司共同投资建设的国际项目，项目规划每年炼油4000万吨，在该石化基地同时拥有百万吨级别乙烯的炼制能力；年炼油能力达到2000万吨，项目炼制的成品油主要供应给包括揭阳、汕头、潮州、汕尾和梅州五个地区市。原油通过专用管道输送到炼油厂辐射整个粤东地区。中海油1200万吨炼油项目总投资216亿，是当前环境下中国国内单系列最大的炼油厂，主要生产汽油、煤油、柴油、液化石油气、石油焦等15大类。全面投产后，将每年向社会提供约700万油品和400万吨

的化学物质，项目主要面向中国广东南部地区的石油供应。结束了中海油"有采无炼"的历史。

海南省方面，中海油海南精细化工项目主要是进行化工产品的精炼，项目计划每年预处理原油 200 万吨，每年催化裂解 120 万吨，每年进行气体分离 60 万吨，每年回收硫黄 2000 吨，每年制造丙烯腈 20 万吨、甲基丙烯酸甲酯 7 万吨、乙苯—苯 12 万吨。中石化海南石化项目，现有 800 万吨/年大气和真空蒸馏及其他 15 套炼油化工生产设备和相应的石油储运设施、公用系统，自备 30 吨原油码头和 10 吨油码头。主要产品有汽油、柴油、液化石油气、燃料、燃油、苯和聚丙烯等。产品主要供应海南本部地区，满足本地需求。

二、石化产业物流通道需求分析

笔者在统计环北部湾地区石化产业物流通道需求量的数据时发现，需求量的统计十分困难，因此，笔者从往年环北部湾地区各种能源消费量上下手，间接分析出环北部湾地区石化产业物流通道的真实需求。

广西壮族自治区 2013 年原油消费量为 1018.8 万吨，汽油消费量为 259.4 万吨，煤油消费量为 0.2 万吨，柴油消费量为 476.9 万吨，燃料油消费量为 50.4 万吨，液化石油气消费量为 112.9 万吨，煤气消费量为 190.0 亿立方米。

广东省 2013 年一次能源消费量为 21880.05 万吨，其中原煤占 48.1%，原油占 29.1%，电力占 19.1%，天然气占 3.7%。终端能源消费量为 26344.85 万吨标准煤，其中原煤占 11.4%，油品占 18.9%，电力占 47%，其他占 22.7%。

海南省 2013 年一次能源消费总量为 1778.26 万吨标准煤，其中石油的消费总量占到了总消费量的 34.9%，天然气消费总量为整体的 20.8%，煤炭消费总量占到了整体的 38.5%，而水和风力消费总量是整体的 15.7%。

通过这些数据不难看出，环北部湾地区能源消费总量还是十分巨大的，尤其是石油方面的需求。因此，与石化产品配套的物流通道建设迫在眉睫。

我们从环部湾地区石化产业物流通道的运能、供给、经济和外部政策四个层面设定物流通道合理性评价指标体系，下表 10-2。表中权重的分配由层次分析法求出。

表 10-2　物流通道合理性两级指标及其权重

综合指标	评价指标	权重
运能 B_1 (0.334)	通道自身的运力 C_1	0.595
	通道自身的运量 C_2	0.277
	交通基础设施 C_3	0.129
供给 B_2 (0.128)	产品价格 C_4	0.082
	生产要素价格 C_5	0.236
	生产者预期价格 C_6	0.682
经济 B_3 (0.079)	资源 C_7	0.54
	科技水平 C_8	0.297
	劳动力 C_9	0.163
外部政策 B_4 (0.444)	东南亚政治环境 C_{10}	0.166
	国际合作机制 C_{11}	0.166
	国家政策环境 C_{12}	0.668

$$B_1 = (0.595, 0.277, 0.129) \cdot \begin{pmatrix} 0.154 & 0.404 & 0.410 & 0.032 \\ 0.006 & 0.272 & 0.500 & 0.223 \\ 0.053 & 0.756 & 0.191 & 0.000 \end{pmatrix}$$

$$= (0.458948, 0.311525, 0.150309, 0.07912) \tag{10-1}$$

归一化的综合评价向量：$(0.459, 0.312, 0.150, 0.079)$

供给的评价向量

$$B_2 = (0.082, 0.236, 0.682) \cdot \begin{pmatrix} 0.160 & 0.489 & 0.310 & 0.041 \\ 0.041 & 0.225 & 0.499 & 0.236 \\ 0.058 & 0.277 & 0.556 & 0.110 \end{pmatrix}$$

$$= (0.225865, 0.082535, 0.197111, 0.498879) \tag{10-2}$$

归一化的综合评价向量：（0.226，0.083，0.197，0.499）

经济的评价向量

$$B_3 = (0.54, 0.297, 0.163) \cdot \begin{pmatrix} 0.049 & 0.417 & 0.441 & 0.093 \\ 0.034 & 0.203 & 0.532 & 0.231 \\ 0.025 & 0.296 & 0.543 & 0.137 \end{pmatrix}$$

$$= (0.032137, 0.278859, 0.501106, 0.188481) \qquad (10\text{-}3)$$

归一化得 （0.032，0.279，0.501，0.188）

外部政策的评价向量

$$B_4 = (0.166, 0.166, 0.668) \cdot \begin{pmatrix} 0.022 & 0.227 & 0.493 & 0.208 \\ 0.031 & 0.320 & 0.499 & 0.150 \\ 0.036 & 0.349 & 0.524 & 0.091 \end{pmatrix}$$

$$= (0.456622, 0.292563, 0.231364, 0.020012) \qquad (10\text{-}4)$$

归一化得 （0.457，0.293，0.231，0.020）

综合评价向量

$$A = (0.334, 0.128, 0.079, 0.444) \cdot \begin{pmatrix} 0.459 & 0.312 & 0.150 & 0.079 \\ 0.226 & 0.083 & 0.197 & 0.499 \\ 0.032 & 0.279 & 0.501 & 0.188 \\ 0.457 & 0.293 & 0.231 & 0.020 \end{pmatrix}$$

$$= (0.05629, 0.166291, 0.456311, 0.316428) \qquad (10\text{-}5)$$

归一化得 （0.057，0.166，0.456，0.316）

对综合评分值进行等级评定

$$V_{B1} = 4 \times 0.459 + 3 \times 0.312 + 2 \times 0.150 + 1 \times 0.079 = 3.151$$

$$V_{B2} = 4 \times 0.226 + 3 \times 0.083 + 2 \times 0.197 + 1 \times 0.499 = 2.046$$

$$V_{B3} = 4 \times 0.032 + 3 \times 0.279 + 2 \times 0.501 + 1 \times 0.188 = 2.155$$

$$V_{B4} = 4 \times 0.457 + 3 \times 0.293 + 2 \times 0.231 + 1 \times 0.020 = 3.180$$

表 10-3　评价定量分级标准

评价值	评语	定级
$x_i > 3.5$	好	E1
$2.5 < x_i < 3.5$	良好	E2
$1,5 < x_i < 2.5$	一般	E3
$x_i < 1.5$	差	E4

通过上述计算和评价分级标准，可得运力和外部政策评价指标的评价结果为"良好"，属于 E2 级，其他 2 个指标的评价结果都均为"一般"，属于 E3 级。按照各个指标评分等级的大小可以对其排序，其中供给和经济的评价要比其他指标都低一点。而对总体的综合评判分值为：

$$V = 4 \times 0.057 + 3 \times 0.166 + 2 \times 0.456 + 1 \times 0.316 = 1.954$$

说明环北部湾石化产业物流通道的合理性是一般的级别，属于 E3 级。因此环北部湾地区石化产业物流通道合理性还有待提高，结果表明方案 D1 提高运能和方案 D3 依托外部政策对提高环北部湾地区石化产业物流通道性是有比较显著的作用，需从这两个角度考虑建设环北部湾地区石化产业物流通道的问题。

第四节　环北部湾地区石化产业物流通道建设方案

一、建设方案总体思路

随着经济全球化的进一步发展，全球和区域合作正在加速。国家开展与周边国家、地区的外交政策，周边国家同中国和东盟将进一步加强务实合作和睦邻友好关系。国家对环北部湾地区的重视也就是对环北部湾地区石化物流发展的重视，其发展享受国家和地方政府优惠政策的支持。

环北部湾地区不仅当地的能源和资源非常丰富，而且可以把一些资源比如东南亚和澳大利亚以及中国西南的战略资源相互连接起来的海上通道，也可以促进中国西南地区矿产资源和能源发展[8]。此外，西南地区非常大，人口密度相对较低，依靠国内资源可用的外国资源，如石化资源产业，建立中国战略石油储备基地和新的重化工能源工业基地；另一方面，在中国—东盟自由贸易区的框架内，积极发展与东盟地区周边国家的能源开发与经济合作，坚持市场的前进方向，优化石化产业产品结构。第一是突出高技术、高附加值、高竞争力的特点，其根本目的是为了提高经济效益和石化工业的竞争力。依靠强大的市场竞争力，更好的经济效益，技术含量高、产业之间的联系度高，标准的强大作用，发展一批国内进口替代石油化工产品，尤其是乙烯下游产品的开发。第二，积极加入到国际石油化工产业分工体系中去。中国是一个发展中国家，通过其劳动力成本优势，可以推断出中国将成为国际石化行业转型的一个重要目标。

结合环北部湾地区石化产业布局和未来规划，在现行道路通行状况基础上，建议另外加快环北部湾地区铁路方面的建设，如珠江三角洲的铁路，广西铁路建设项目在广西西南和中南地区，广西重点城市群城际轨道交通项目，以及深圳到茂名铁路江门铁路项目。公路方面，广西壮族自治区打通省际断头路项目，广东省要实现"县县通高速"的项目都应该加紧实施。同时加强对环北部湾地区交通流向的组织和管理，合理引导运输分流。

二、具体方案建议

在层次分析法中，根据专家意见所确定的准则层运能同外部政策相比稍微重要，运能同供给相比明显重要，运能同经济相比强烈重要，外部政策同供给相比明显重要，外部政策同经济相比在稍微重要和明显重要之间。而指标层中通道自身运力对运力的影响比通道自身运量稍微重要，运力和交通基础设施同等重要，交通基础设施又比通道自身运量明显重要；生产要素价格比产品价格明显重要，生产要素比生产预期价格稍微重要，生产预期价格比产品价格稍微重要；资源对经济的影响比科技水平显得稍微重要，资源比劳动力显得明显重要，科技水平比劳动力强烈重要；国际政策环境对外部政策影响最大，其次东南亚政策环境，最后是国际合作机制。这些因素的影响大小不同，据此算出准则层和指标层各个因素的权重，再根据模糊综合分析法，运用层次分析法所得到的权重再计算得到各个方案最终的分数，判断评级。最终，提高运力和依托外部政策均属于"良好"级别，对提高物流通道合理性的作用是比较大的。因此，物流通道建设的具体建议主要从这两个方面出发。

（一）提高物流通道运力

物流通道的建设对石化产业的发展起到了巨大的作用。当前政府对环北部湾地区石化产业物流通道的投入不足，加快交通配套设施建设，提高物流通道容量是首要任务。全力加快粤桂铁路、进港铁路、粤琼高铁等重大交通配套设施建设，为服务周边地区和"一带一路"倡议构筑便捷的疏运平台。铁路交通的建成将带来运输能力的增加和交通条件的改善，产能的增加，运输成本的降低。节约客货运输时间并获取经济效益，缓解交通运输的"瓶颈"，拉动其他产业发展。

（二）全力加快港口码头建设

全力推进湛江、海安、铁山、海口等港口码头建设，推动北海、湛江、徐闻、海安新港、海口升级为国家一级口岸，不断完善口岸一站式通关平台，提高港区服务能力和承载力。加快建设现代化沿海港口集团，创建环北部湾海上航线和港口物流中心，构建省高等级公路，形成高效的现代综合交通运输网络的。

（三）构造石化产业物流通道建设政策氛围

充分利用优惠政策，对《国务院关于实施西部大开发若干政策措施的通知》和《关于西部大开发若干政策措施的实施意见》中的优惠政策认真解读，给出适合环北部湾经济发展的具体优惠政策，努力扩大招商引资范围，聚揽高端人才，构筑人才高地。三个地区的厅局领导跨地区对接常态化，化解地区竞争的利益分歧，合作共赢。构建面向东盟的海上、陆上石化产业通道，制定对东盟国家的石化贸易优惠政策。

（四）全力完善沿海通关体系

目前环北部湾口岸大部分实现了对外开放，下一步要充分依托环北部湾石化产业经济带和物流经济带的块状经济影响，增强对东盟国家的辐射作用。依托环北部湾、海南岛、珠三角、大西南和东盟地缘优势，加强"三地七方"区域通关写作，加快与周边国家和地区的跨境物流体系建设，全力构建对接中南、西南，面向东盟的进出口通关体系，促进互联互通。

（五）全力加快现代临港工业物流园建设

加快东方、湛江、防城港现代临港工业物流园区建设，大力发展以港口配套为主的化工仓储、运输、配送、分拨、包装加工、车船服务等综合性临港化工物流产业，争取设立东盟集贸区、保税区（仓）以及一批特定进口商品指定口岸，建设大宗化学商品交易区，努力把环北部湾打造成全国对接东盟、"一带一路"和环北部湾经济带的桥头堡。

第五节　小　结

结合国家一路一带议题和珠三角黄金水道建设议题，主要着手于环北部湾地区石化产业物流通道的建设问题。本书分析了环北部湾地区石化产业物流通道发展现状，主要从环北部湾地区石化产业公路、铁路、港口和管道方面的现状方面加以概述。从技术与经济层面评述了环北部湾地区石化产业物流通道的基本情况。根据环北部湾地区石化产业现状提出有利于增加环北部湾地区石化产业竞争力，并提高该区域经济竞争力的物流通道的建设方案。分析了环北部湾地区主要石化项目的物流流向以及该区域物流通道的需求量，可以得到该区域物流通道的走向以及需求。然后使用层次分析法确定影响物流通道合理性主要指标的权重，再根据模糊综合分析法确定最终对物流通道和理想改善效果最佳的方案。最后作者查阅并整理材料，提出了石化产业物流通道的总体建设思路，给出了根据层次分析法和模糊综合分析法所得出的几点建议。

第十一章　环北部湾石化产业与物流业协调发展的思路与对策

第一节　发展思路

立足于面向东盟自贸区桥头堡和"一带一路"国家战略重要物流节点的重要组成部分，继续发挥港口、区位、岸线、土地、劳动力等比较优势，以石油化工产业链均衡发展、石化物流组织与运营体系健康发展为宗旨，以石化与物流产业协调发展为目的，以"一区，两带，两翼，五园"建设为重要抓手，政府宏观政策协调和市场定价相结合为手段，码头和石化、物流企业间的制度合理安排为保障，充分发挥石化、物流企业的自主优势，为港口企业、物流企业和进出口企业提供高效的管理和优质的服务。

"一区，两带，两翼，五园"即以特大型石油化工循环工业主体功能示范区，建设环北部湾沿海石油化工产业经济带和环北部湾物流经济带与经济圈，以广西和海南石化物流产业为支撑广东化工业发展的两翼，重点加强东盟自贸园、环北部湾石化工业园、临港工业物流园、石化工业品外贸产业园、跨境大宗石化商品交易区五大园区建设。

第二节　发展原则

一、适当超前原则

将长三角地区先进的现代化石化物流设备，成熟的理念思想引入环北部湾石化产业与物流业协调发展建设中，与产业发展相关规章管理制度适当超前，拉长资源整合产业链，放眼长远利益，运用现代化的管理理念和技术手段，建立先进的石化物流网络信息共享机制，努力促使环北部湾地区的石化产业与物流业协调、融合发展。

二、专业细化原则

厘清思路，明确石化产品分类精细化培育对象，重点发展具有高附加值的精细化工。引进外部专业石化与物流人才参与专业性的学科建设，高等院校相关专业方向细分。制定符合国家标准的石化储存、运输方式，加强石化安全预警设施建设。遵循环北部湾建设需要充分利用先天的港口物流优势，开采丰富的石化资源，专业化码头运用专业化的设备，生产精细化产品。

三、集聚规模原则

按照优势产业集聚发展原则，注重推动优势产业、优势资源、优势企业和要素保障集聚，充分发挥主导产品、化工行业中间产品优势，注重深加工空间、资源供应优势，把握国际市场需求，加强市场细分，推进同业集聚和产业协作，培育龙头企业，发挥其带动功能，加大整合力度，构建可持续发展机制，走节约、集约的资源可持续利用之路。

第三节　具体举措

抓住中国—东盟自贸区加速建设机遇，实施环北部湾国家石化工业主体功能区建设，落实配套相关政策，依据各地区资源禀赋条件，制定符合科学发展观的石化与物流产业布局总体思路。转换资源优势为发展优势，对跨区域产业投资发展常规化协商洽谈，按照一体化、集约化、园区化模式，构建与地区经济发展相适应的石化产业发展空间布局。

一、加强环北部湾地区协调与合作

加强政府宏观调控对区域发展规划作引导，根据中央新型产业发展战略部署制定相应政策，依据产业发展的现状，制定出台相应的产业优惠政策，消除广东、广西、海南三地间合作的壁垒，开启区域间合作的公开、高效、透明工作机制。地方政府与企业应携手解决、化工物流难题，铁路、公路运输大型企业发挥大客户优势，优先保障园区石化企业产品运输需求。

理顺政府各部门中的物流资源，整合物流行业中混乱无章的全局和体系问题，增强环北部湾物流企业抵御市场风险能力和整体竞争力。例如，大亚湾石化园区管委会从 2013 年 11 月 12 日开始封闭作业，严格做好运输企业从业人员资质审核、车辆稽查备案工作，禁止非法改装车辆、不合格罐体入园提货，入园作业车辆不得乱停放，严禁超载运输，谁超载发货，就溯源追究发货单位事故责任。

以庞大的消费市场为导向，构建出开放包容的合作体系。积极参与"海上丝绸之路"、中国—东盟自贸区的建设，大力促进环北部湾经济合作，推动区域经济合作新格局的建设，深入加强与国内其他区域（如长三角、京津冀）的联系互动，发挥沟通四方的作用。各地方政府、企业平等参与，优势互补，相互协调，密切配合。通过政府间的协商和合作，整合资源，共谋发展。广东省向广西、海南输送优质的石化与物流型人才，提供先进的设备和管理经验，海南、广西也将发挥其人力资源来推动广东经济发展。积极稳妥，循序渐进，在一些重大项目的整合开发过程中，必须要做好科学论证与评估，坚持分步实施，逐步推进的方针，不断持续推动地区政府间合作的新模式。环北部湾地区启动通关一体化，促进港口间区域联动发展。

二、协调区域物流规划

在环北部湾地区打造一批现代物流园区，加快内陆城市物流网络建设，建立物流信息大数据平台，统筹环北部湾区域的物流节点安排治理，建设面向东盟的具有地方特色的商贸物流基地、物流信息和集散中心。完善综合交通运输网络建设，实现多种运输方式无缝衔接和高效运转。进一步完善保税物流体系，借鉴东部先进港口城市上海、宁波、厦门建设规划方法，加快各区域保税物流中心转型升级，结合区域内的石化产业布局，将广东湛江港，广西北海港、防城港，海南东方港、海口港打造成地区特大石化基地与石化物流重要节点。加快发展航空物流，建设环北部湾航空枢纽港。大力发展第三方物流，培育一批现代物流龙头企业。环北部湾将全面构筑面向东盟、连接西南、通向珠三角的高效率低成本现代物流服务体系。

三、合理规划区域产业布局

加大招商引资力度，"腾笼换鸟"，强化技术改造，提升产品竞争力，促进产业结构升级换代。提高港口企业管理效率，加强口岸通关能力，加强包装、加工、配送、信息处理等高附加值的物流活动，增强专业化、标准化的作业能力。坚持政府主导，环北部湾经济区规划建设管理委员会在统筹安排下，根据区域内资源开发状况，对小规模的物流企业进行融资兼并重组，努力培养龙头企业，引领行业发展。

加快广东湛江物流园区、惠州物流、南宁保税物流园区、沿海钦州保税港、防城港保税物流中心的基础设施完善，增强工业物流服务功能。在环北部湾区域管理委员会下设组织机构，设立定期会晤协商时间，把产业融合、物流衔接和规划标准等引入到实际操作的制度安排中，政府层面调控环北部湾区域物流节点规划，确立各物流节点发展目标，提升集装箱运输、石油及天然气装卸中转储运、进口铁矿石运输等运作功能，形成枢纽港、干线港、支线港等多元化、层次性节点网络，加强各城市间的业务联系。注重构筑以省会为中心，港口节点为出海干线和陆路口岸为陆路干线的国际物流通道。

遵循产业经济发展规律和产业转移的客观规律，吸引技术密集型企业入园办厂。建议大型物流企业就石化产业与物流产业相关政策内容与政府进行协调，统一生产和服务标准，实现"管理服务一体化"，促进产业之间的发展。根据产业之间的投入产出关系制定生产计划，成立相应的石化物流管理部门，统一管理上下游相关企业。

四、加强石化物流基础设施建设

加大环北部湾地区石化产业设施配套投入力度，发挥政府政策上的优势，着力加强物流基础设施网络建设。推进综合交通运输体系建设，合理规划布局物流基础设施，完善综合运输通道和交通枢纽节点布局，构建便捷、促进多种运输方式顺畅衔接和高效中转，提升物流体系综合能力。优化港口、航空货运网络布局，加快国内港口、航空货运转运中心，连接国际重要航空货运中心的大型货运枢纽建设。推进"港站一体化"，实现铁路货运站与港口码头无缝衔接，完善物流转运设施，提高货物换装的便捷性和兼容性。在大中城市和化工基地周边加强危险品配送中心规划，在城市郊区和边远村镇布局建设危险品配送末端网点，优化城市商业区和大型社区物流基础设施的布局建设，形成层级合理、规模适当、需求匹配的物流仓储配送网络。高效建设沿海港口工业阵地，构建跨区域、跨国的现代化运输网络，提高物流的运营能力和效率，将该地区建设成为重要的海上通道和大型物流中转中心。

根据国家相关指导政策《广西壮族自治区人民政府关于促进广西北部湾经济区开放开发的若干政策规定》，大力发展石化产业。利用产业政策引导，争取环北部湾地区政府的大力支持，鼓励化工类新兴产业发展，充分利用本地区的丰富资源和有利地理条件，在东南亚地区设立重工业基地，带动当地经济的发展，解决环北部湾劳动成本的问题。统筹石化产业与物流业及相关产业的协调发展。优化石化产业与其他产业政策，以石化产业为主导，积极调整石化和物流发展战略，根据环北部湾区域经济情况实施产业基础设施布局。

五、提高石化物流信息化水平

加强石化产业与物流产业信息化技术建设的重视程度，加速信息技术平台开发，实现产业之间信息共享。加大对化工物流信息化建设的投入力度，构建石化产品 ERP 系统的信息共享平台，利用 ERP 系统对生产计划、采购信息实时数据分析，预测、计划管理和采购数量控制。利用市场需求信息对石化产业的发展运作做出准确指导，提升移动端信息发布与获取能力，准确把握行业动态。

利用北斗系统、物联网、大数据等先进的物流网络技术，构建公路、铁路、水路、航空等多种运输方式的物联网，实现物流的实时跟踪，通过整合政府各部门管理的石化物流资源构建成公共信息平台，实现两大行业之间快速、安全、高效的信息共享。着重加强物流企业获取、整理、公布、追踪信息的能力，鼓励区域间和行业内的物流平台信息共享，实现互联互通，大力推动石化产业与物流产业的融合发展。

推进石化物流信息化建设和应用以及标准化的管理措施，提高生产运输设备的专业化水平，开展物流专业术语、设备执行标准、数据共享机制的推广工作，鼓励支持先进设备与先进技术的普及工作。加紧编制并组织实施物流标准中长期规划，完善物流标准体系。按照重点突出、结构合理、层次分明、科学适用、基本满足发展需要的要求，形成一批对全国物流业发展和服务水平提升有重大促进作用的物流标准。构建石化物流信息网络公共服务平台，建立石化物流基础电子数据库，搭建环北部湾经济区域信息资源共享平台，促进石化产业和物流产业战略结盟。

六、实施石化物流产业体系标准化

加快标准化建设步伐。制定严格的石化物流标准化体系，做好专业用语、技术标准、作业标准等方面的基本工作。完善部分地区不健全的行业标准，提高产业体系标准化程度。由政府部门牵头，听取石化产业与物流产业人员的意见，撰写《石化物流服务规范》，成立相应的工作协会，及时更新相关标准化内容，加强推广使用力度。

建设和完善泛北部湾地区石化物流产业的标准化作业体系，发展循环工业和循环经济，支持石化仓储和转运设施、运输工具、停靠和卸货站点的标准化建设和改造，制定危险品公路货运标准化电子货单，建立区域危险品车辆甩挂运输监督体系，推进危险品集装箱管理软件接口标准化，全面推广甩挂运输试点经验。

七、提升企业专业化服务水平

开展物流服务认证试点工作，推进物流领域检验检测体系建设，支持物流企业开展质量、环境和职业健康安全管理体系认证。引导国内外大型物流企业来环北部湾建厂、融资合作，促进当地石化与物流企业战略转型，强化石化物流发展战略意识和大局意识。鼓励石化企业物流业务外包，促进石化物流需求。进一步优化制造业、商贸业集聚区物流资源配置，构建中、小微企业公共物流服务平台，提供社会化物流服务；鼓励物流企业功能整合和业务创新，不断提升专业化服务水平，积极发展定制化物流服务，满足日益增长的个性化物流需求。提升石化与物流产业国际竞争力，形成国际战略合作联盟，实现互利创新，可持续发展。

八、积极引进和培养石化物流发展智囊团队

实用性和复合型物流人才是环北部湾石化物流高效便捷运作的强有力的保障，增强在职人员的内部培训，给予物流人才更优厚的待遇，更加合理的分配和优化人才资源布局。以市场需求为导向培养石化物流人才，组织专业人员积极参与高校学科建设和人才培养工作。推动建立政企、校企之间的培训机构，与当地院校产学研合作，建立培训物流人才基地和协同

创新中心，方便石化物流企业就地取材。注重理论与实践相结合，加强在校培养，专业实践培养，职业能力培养。制定企业人才资源培养计划，在社会实践中逐步培养具有认知能力、实践能力、素质的人才，聘请从业经验丰富的优秀物流管理人员进行专业化人才培养指导。

第四节　保障措施

一、组织保障

由广东、广西、海南三地政府牵头成立环北部湾石化与物流协调发展专项领导小组，统筹区域石化产业布局，协调石化物流组织与运营协调职能，着力解决集危险品运输中的重大问题。进一步发挥环北部湾石化与物流协调发展专项领导小组办公室的作用，强化环北部湾石化产业与物流产业规划编制及组织实施、政策制定、统筹协调、考核评定等职能。加强环北部湾石化与物流协调发展专项领导小组专业队伍建设，调整和充实港口、化工、物流业的管理机构职能。理顺港口集装箱物流组织与运营管理体制，推进环北部湾石化与物流协调发展专项领导小组统一归口管理。加强港口、物流、石化相关行业协会的组织建设，强化行业自律、调解和市场开拓职能，发挥行业组织的桥梁纽带作用。完善石化物流业统计调查制度和统计信息管理制度，提高统计数据的准确性、权威性和时效性。

二、政策保障

围绕"十三五"石化产业与物流产业体系发展要求，明确主要任务和重点工程，加强石化产业和石化物流政策引导和国家相关政策支持，进一步发挥政府的宏观调控作用。加大招商引资的优惠力度，强化政府管理部门的服务意识。制定具体的税收减免、人才优惠政策，吸引国内外高端企业和人才集聚。加大对化工物流软硬件设施的投放，着力打造"一网两平台九基地"的环北部湾现代化工物流发展框架体系。"一网"即集装箱危险品联运集输网络；"两平台"即化工物流公共信息平台和化工物流基础设施平台；"九基地"即茂湛、惠州、北海、钦州、洋浦、东方六个石化基地，茂名、钦州、洋浦三个石化物流基地。进一步强化政府在石化物流标准化建设、智慧港口物流网络建设、物联网、传感器等先进技术推广应用等方面的推动作用，为石化产业与物流产业协调发展创造有利条件。

三、资金保障

统筹环北部湾石化与物流协调发展专项资金，加大对化工物流业发展的金融扶持力度。环北部湾石化与物流协调发展专项资金重点支持港口工业物流建设、危险品物流企业转型升级、大宗石化原材料商品交易平台建设、危险品物流公共信息平台建设、石化物流人才培养等。各地要结合实际增加环北部湾石化与物流协调发展专项资金，支持石化物流业和港口工业发展。积极组织港口相关企业申报国家级项目申报，申请国家石化、物流业相关扶持资金，争取更多的财政优惠和税收政策。

四、人才保障

围绕完善多层次石化物流教育体系，提高专业化人才培养质量，重点培养石化物流的高层次人才。发展石化物流业从业人员在职培训，加强职业技能教育以及促进石化物流人才培养的国际合作。完善普通高等本科院校、高等职业技术学校、中等职业技术学校三个层次的人才培养体系。规范危险品物流领域职业资格认证，积极引进英国皇家采购与供应学会CIPS认证和英国皇家物流与运输协会（ILT）。制定人才激励政策，引进国内外优秀物流专业人才，尤其是港口物流和石化物流工程技术方面的复合型人才、熟悉国际危险品物流业务运作的高级人才和业务操作人才，为石化与物流业的协调发展提供智力保障。

| 参考文献 |

[1] 程恩富，孙秋鹏. 论资源配置中的市场调节作用与国家调节作用——两种不同的"市场决定性作用论"[J]. 学术研究，2014（4）：63—72.

[2] 许进. 加强区域经济合作，促进北部湾经济圈的崛起 [J]. 生态经济，2006，（1）：44—46.

[3] 陈烈，彭永岸，吴唐生. 北部湾经济圈发展态势与雷州半岛的战略任务和对策 [J]. 经济地理，1997，17（3）：82—88.

[4] 陈烈，沈静. 加强区域合作 促进共同发展——以北部湾经济圈为例 [J]. 经济地理，1999，19（3）：58—63.

[5] Hirschman Jr. , I. I. A Note on Entropy [J]. American Journal of Mathematics，1957（79）：152—156.

[6] Bhalla M，Leitman B S，Forcade C，et al. Lung hernia：radiographic features [J]. American Journal of Roentgenology，1990，154（1）：51—3.

[7] Lindahl J，Hirvensalo E，Böstman O，et al. Failure of reduction with an external fixator in the management of injuries of the pelvic ring. Long-term evaluation of 110 patients. [J]. Journal of Bone & Joint Surgery British Volume，1999，81（6）：955—62.

[8] Witold Brostow，Theodore S. Dziemianowicz，Janusz Romanski，Walter Werber. Transmission of mechanical energy through polymeric liquid crystals and their blends [J]. Polymer Engineering & Science，1988，28（12）：785—795.

[9] 关爱萍，王瑜. 区域主导产业的选择基准研究 [J]. 统计研究，2002（12）：37—40.

[10] Mitchell M. Tseng，Jianxin Jiao，Qinhai Ma. Towards high value-added products and services：mass customization and beyond [J]. Technovation，2003（23）：809—821.

[11] Gereffic. G. A Commodity Chians Frame work for Analyzing Gobal Institute of Development studies，Brighton，UK，1999.

[12] 李忠民，刘育红，张强．"新丝绸之路"交通基础设施、空间溢出与经济增长——基于多维要素空间面板数据模型 [J]．财经问题研究，2011，4 (4)：116—121.

[13] 陈得文，苗建军．人力资本集聚、空间溢出与区域经济增长——基于空间过滤模型分析 [J]．产业经济研究，2012，2 (4)：54—62.

[14] 潘文卿．中国的区域关联与经济增长的空间溢出效应 [J]．经济研究，2012 (1)：54—65.

[15] 刘建国，张文忠．中国区域全要素生产率的空间溢出关联效应研究 [J]．地理科学，2014，5 (5)：522—530.

[16] 叶军．基于 2008 旅游核算体系（2008TSA）的旅游投入产出分析 [D]．上海财经大学，2011.

[17] Du X，Jiao J，Tseng M M. Understanding customer satisfaction in product customization [J]．The International Journal of Advanced Manufacturing Technology，2006，31 (3)：396—406.

[18] Cristiane Duarte Ribeiro de Souza，Márcio de Almeida D'Agosto. Value chain analysis applied to the scrap tire reverse logistics chain：An applied study of co-processing in the cement industry [J]．Resources，Conservation and Recycling，2013 (78)：15—25.

[19] T Sturgeon，J Van Biesebroeck，G Gereffi. Value chains，networks and clusters：reframing the global automotive industry [J]．Journal of Economic，2018，2 (11)．

[20] 杨智峰，陈霜华，汪伟．中国产业结构变化的动因分析——基于投入产出模型的实证研究 [J]．财经研究，2014 (9)：38—49.

[21] Koufteros X A，Vonderembse M A，Doll W J. Intergrated product development practices and competitive capabilities：the effects of uncertainty，equivocality，and platform strategy [J]．Journal of Operations Management，2002，20 (4)：331—355.

[22] ByE. H. Oksanen and J. R. Williams. Hamilton：Industrial Location and Inter-Industry Linkages [J]．empiricat economics，2006，5 (8)：139—150

[23] BAE H. The effect of market orientation on relationship commitment and relationship effectiveness of port logistic firms [J]．The Asian Journal of Ship-

ping and Logistics, 2012, 28 (1): 105－134.

[24] 盛世豪, 包浩斌, 郑剑锋. 产业集群与供应链耦合理论研究述评 [J]. 西部论坛, 2010 (6): 46－50.

[25] 刘雪妮, 宁宣熙, 张冬青. 产业集群演化与物流业发展的耦合分析——兼论长三角制造业集群与物流产业的关系 [J]. 科技进步与对策, 2007, 24 (9): 161－166.

[26] 李忠民, 于庆岩. 物流促进经济增长的空间异质性研究——以"新丝绸之路"经济带为例 [J]. 经济问题, 2014 (6): 121－125.

[27] 宋则, 常东亮. 现代物流业的波及效应研究 [J]. 商业经济与管理, 2008, 195 (1): 3－9.

[28] 朱占峰. 中原地区物流产业的波及效应分析 [J]. 科技管理研究, 2008 (3): 127－129.

[29] 吴殿廷, 陈启英, 楼武林, 姜晔. 区域发展与产业布局的耦合方法研究 [J]. 地域研究与开发, 2010, 29 (4): 1－5.

[30] 杨红. 耦合产业系统最优化增长路径上产业资源消耗结构的动态分析 [J]. 管理世界, 2011 (2): 171－172.

[31] 吕涛, 聂锐, 刘玥. 西部能源开发利用中的产业联动战略研究 [J]. 资源科学, 2010, 3 (7): 1236－1244.

[32] 吴金明, 邵昶. 产业链形成机制研究——"4＋4＋4"模型 [J]. 中国工业经济, 2006, 4 (4): 36－43.

[33] 南锐, 王新民, 朱斌. 闽台农业产业集群产业链研究——以福建漳州地区为例 [J]. 两岸交流, 2009 (6): 11－15.

[34] 任迎伟, 胡国平. 产业链稳定机制研究——基于共生理论中并联耦合的视角 [J]. 经济社会体制比较, 2008 (2): 180－184.

[35] 罗捷茹. 产业联动的跨区域协调机制研究 [D]. 兰州大学, 2014.

[36] 蒙少东. 区域经济协调发展研究 [D]. 天津大学, 2006.

[37] 李健, 王博, 田雪. 基于三维投入产出表的生态产业链耦合分析 [J]. 南昌航空大学学报（社会科学版）, 2007, 9 (4): 29－33.

[38] 张晨, 韩兴勇. 休闲渔业的正外部效应研究 [J]. 广东农业科学, 2009 (10): 276－279.

[39] 叶明海, 胡志莹. 会展业对旅游业的正外部性效应分析 [J]. 经济论坛, 2007 (10): 83－84.

[40] 袁晴棠. 积极发展高附加值产品业务是我国石化企业提高市场竞争力的战略

选择 [J]. 当代石油石化，2011 (8)：1—9.

[41] 马海英. 高附加值产品的现实经济效益 [J]. 中国石油企业，2013 (8)：107.

[42] 黄天柱，白秀. 高附加值农产品流通渠道优化研究——以陕西苹果流通模式为例 [J]. 新疆农垦经济，2014 (5)：60—63.

[43] 马陆亭. 高附加值产业实现的技术途径 [J]. 北京轻工业学院学报，1995，6 (1)：7—10.

[44] 刘华军，张权，杨骞. 城镇化、空间溢出与区域经济增长——基于空间回归模型偏微分方法及中国的实证 [J]. 农业技术经济，2014 (10)：95—105.

[45] 许赟珍，欧先金，郭妮妮，刘德华. 生物柴油副产物甘油的高附加值利用 [J]. 过程工程学报，2008，8 (4)：695—702.

[46] 黄忠平，许英鹏. 建设惠州世界级石化产业基地的思索 [J]. 化学工业，2011 (2)：8—11.

[47] 崔国辉，李显生. 区域物流与经济协调性的评价方法 [J]. 统计与决策. 2011 (15)：46—48.

[48] 姜丽丽，张碧君. 浅谈现代物流业在石化产业聚集区的发展—以宁波大榭开发区为例 [J]. 物流科技，2011 (10)：144—145.

[49] 朱念，蓝小海. 北部湾经济区石化物流的发展现状及对策思考 [J]. 南宁职业技术学院学报，2012，17 (5)：30—34.

[50] 杨浩雄，刘仲英. 供应链中企业物流信息耦合度测量方法 [J]. 管理科学，2005，18 (1)：40—44.

[51] 盛世豪，包浩斌，郑剑锋. 产业集群与供应链耦合理论研究述评 [J]. 西部论坛，2010，20 (6)：46—50.

[52] 李健，金占明. 复杂性理论与产业集群发展 [J]. 科学学研究，2007，25 (S2)：188—195.

[53] 杨红. 生态农业与生态旅游业耦合系统产权管理博弈机制分析 [J]. 管理世界，2010 (6)：177—178.

[54] 宁方华，陈子辰，熊励. 熵理论在物流协同中的应用研究 [J]. 浙江大学学报（工学版），2006，40 (10)：1705—1782.

[55] 尹新哲，杨红. 耦合产业系统中资源与污染的结构性动态分析 [J]. 工业技术经济，2011 (7)：87—94.

[56] 熊勇清，孙会. 区域金融规模、效率及其对 FDI 溢出效应的影响研究—来自长三角洲经济圈的实证分析和检验 [J]. 财务与金融，2010 (4)：1—7.

[57] 李勇. 区域产业耦合机制研究 [J]. 商业经济, 2010 (5): 31—34.

[58] 周叶. 基于灰色系统理论的江西文化产业与旅游产业耦合发展 [J]. 江西社会科学, 2014 (3): 41—45.

[59] 苑清敏, 赖瑾慕. 战略性新兴产业与传统产业动态耦合过程分析 [J]. 科技进步与对策, 2014, 31 (1): 60—64.

[60] 丁晖. 区域产业创新与产业升级耦合机制研究 [D]. 江西财经大学, 2013.

[61] 高明, 李勇. 黑龙江省区域产业耦合机制及实证研究 [J]. 东北农业大学学报 (社会科学版), 2010, 8 (4): 5—9.

[62] 李世才. 战略性新兴产业与传统产业耦合发展的理论及模型研究 [D]. 中南大学, 2010.

[63] 魏明侠, 王琳, 李源. 现代物流产业发展的产业关联与波及效果研究 [J]. 商业经济与管理, 2009 (12): 15—21.

[64] 赵媛, 杜志鹏, 郝丽莎. 石油化工产业发展的环境效应分析 [J]. 广东社会科学, 2012 (5): 12—16.

[65] 史昕, 邢彬彬. "一带一路"油气全产业链国际合作战略研究 [J]. 国际经济合作, 2015 (8): 44—49.

[66] 张琰飞, 朱海英. 西南地区文化产业与旅游产业耦合协调度实证研究 [J]. 地域研究与开发, 2013, 32 (2): 16—21.

[67] 李勇, 徐建刚, 尹海伟, 王宝强. 基于主成分分析的山东省产业生态环境协调发展研究 [J]. 城市发展研究, 2010, 17 (6): 111—116.

[68] 王永富. 北部湾区域物流 SWOT 调查分析 [J]. 中国物流与采购, 2007, 3 (15): 44—46.

[69] 朱念, 蓝小海. 北部湾经济区石化物流的发展现状及对策思考 [J]. 南宁职业技术学院学报, 2012, 17 (5): 30—34

[70] 岑丽阳. 广西北部湾经济区港口物流通道建设探析 [J]. 东南亚纵横, 2008, 6 (8): 43—46.

[71] 苏小军, 罗霞, 陈高波, 李学松. AHP 法在成渝物流通道合理化选择中的应用 [J]. 重庆交通大学学报 (自然科学版), 2004, 23 (3): 111—114.

[72] 陈菊. 城市物流通道系统布局优化理论与方法研究 [D]. 西南交通大学, 2007.

[73] 王春芝. 国际物流通道优选理论方法与实证研究 [D]. 吉林大学, 2004.

[74] 李万青. 面向东盟的西南物流通道建设研究 [J]. 江苏商论, 2009, 5 (9): 58—60.

[75] Poul Ove Pedersen. The Changing Strueture of Transport under Trade Liberal-ization and Globalization and its Impact on African Development [R]. CoPen-hagen: Center for Development Researeh, 2000.

[76] Dieter Plehwe, WZB—OB. Transnational varieties of capitalism—The making of wide area logistics networks [R]. Mannheim (Germany): The 27th Joint Sessions of the European Consortium f Political Research, 1999.

[77] Parsons-clough Harbour. Existing corridor conditions and opportunities I-87 multimodal corridor study [R]. New York: New York State Department of Transportation, 2004.

[78] Adelheld, H. Transport Infrastructure, AgglomerationEconomics, and Firm Birth: Empirical Evidence from Portugal [J]. Journal of Regional Science, 2004, 44 (4): 693—712.

[79] 董晓菲, 韩增林, 荣宏庆. 大连港、营口港与腹地经济协同发展比较分析 [J]. 地域研究与开发, 2014, 33 (5): 39—54.

[80] 刘生龙, 胡鞍钢. 交通基础设施与经济增长: 中国区域差距的视角 [J]. 中国工业经济, 2010 (4): 14—23.

[81] 唐运舒, 冯南平, 高登榜, 杨善林. 产业转移对产业集聚的影响——基于泛长三角制造业的空间面板模型分析 [J]. 系统工程理论与实践, 2014, 34 (10): 2573—2581.

[82] 闫超东, 马静. 信息化、空间溢出与区域经济增长 [J]. 经济问题探索, 2016 (11): 67—75.

[83] 郑建明, 王育红. 信息测度方法模型分析 [J]. 情报学报, 2000, 19 (6): 546—552.

[84] 徐大举, 尹金生, 李爱芹, 刘吉晓, 周玲丽. 直接消耗系数矩阵特征值的经济意义研究 [J]. 中国管理科学, 2010, 18 (1): 33—38.

[85] 文娟. 考虑产出规模的产业关联研究—基于《中国投入产出表》等数据的实证分析 [J]. 厦门大学学报 (哲学社会科学版), 2013 (2): 55—64.